SILVIA APPEL
»GARTEN FRÄULEIN«

NASCH-BALKON
für Faule

DIE GU-QUALITÄTS-GARANTIE

Wir möchten Ihnen mit den Informationen und Anregungen in diesem Buch das Leben erleichtern und Sie inspirieren, Neues auszuprobieren. Bei jedem unserer Produkte achten wir auf Aktualität und stellen höchste Ansprüche an Inhalt, Optik und Ausstattung. Alle Informationen werden von unseren Autoren und unserer Fachredaktion sorgfältig ausgewählt und mehrfach geprüft. Deshalb bieten wir Ihnen eine 100%ige Qualitätsgarantie.

Darauf können Sie sich verlassen:
Wir legen Wert auf einen nachhaltigen Umgang mit der Natur im eigenen Garten. Wir garantieren, dass:
- alle Anleitungen und Tipps von Experten in der Praxis geprüft und
- durch klar verständliche Texte und Illustrationen einfach umsetzbar sind.

Wir möchten für Sie immer besser werden:
Sollten wir mit diesem Buch Ihre Erwartungen nicht erfüllen, lassen Sie es uns bitte wissen! Wir tauschen Ihr Buch jederzeit gegen ein gleichwertiges zum gleichen oder ähnlichen Thema um. Nehmen Sie einfach Kontakt zu unserem Leserservice auf. Die Kontaktdaten unseres Leserservice finden Sie am Ende dieses Buches.

GRÄFE UND UNZER VERLAG
Der erste Ratgeberverlag – seit 1722.

Vorwort	4
DEN BALKON KENNENLERNEN	**6**
Ein ganz besonderer Platz	8
Wohlfühlklima für Pflanze und Mensch	12
Gut geerdet: die richtige Grundlage	14
Bestens versorgt für reiche Ernte	16
Wasser – das Lebenselixier	18
Gießen mit Köpfchen	**20**
Praktische Helfer beim Wässern	22
Step by Step: Bye bye, liebe Gießkanne	24
Mulchen – ein Muss	**26**
Gut aufgehoben – im passenden Gefäß	28
Bestens aufgestellt: Ampel, Kasten & Co.	32
Essentials für Balkongärtner	34
Clever ausgerüstet	**36**
DIE BASICS FÜR BALKON-FAULTIERE	**38**
Einkaufen macht Spaß	40
Entspannt zur Ernte	**42**
Aufbruch ins Frühjahr: die Frühaufsteher	44
Step by Step: Vom Samenkorn zur ersten Ernte	46
Start in den Sommer: die Sonnenanbeter	48
Nachhaltiger Kräutertraum	50
Step by Step: Schnell gepflanztes Kräuterglück	52
Beerige Zeiten für freche Früchtchen	54
Lust auf Frucht	**56**
Mini-Obst für Topf und Balkon	58
Step by Step: Rankgerüst für Kletterkünstler	60
Schnitt für eine reiche Ernte	62

IDEEN FÜR FAULE BALKONGÄRTNER   64

Mix & Match: clever kombiniert   66
Brotzeit aus dem Topf   68
Pflanzen-Porträts: Radieschen, Pflücksalat, Freiland-Gurke, Schnittlauch   70
Rezepte: Guacamole, Lachs und Radieschen   72
Fruchtige Freuden   74
Pflanzen-Porträts: Erdbeeren, Apfel, Himbeere, Heidelbeere, Brombeere, Birne   76
Rezepte: Erdbeertarte, Bruffins mit Beeren   80
Fernöstliches Feeling   82
Pflanzen-Porträts: Koriander, Wasabi-Rauke, Asia-Salat, Thai-Basilikum, Chili, Winterheckenzwiebel, Schnittknoblauch   84
Rezept: Asia-Suppen-Bowl   88
Auf ein Glas auf meinem Balkon   90
Pflanzen-Porträts: Zitronenverbene, Ananas-Salbei, Minze   92
Rezept: Ingwer-Minz-Sirup   94
Mediterrane Genüsse   96
Pflanzen-Porträts: Oregano, Basilikum, Rosmarin, Thymian, Tomate, Salatrauke, Spinat   98
Rezepte: Mediterraner Aufstrich, Tomaten-Spaghetti   102
Herzhaft und Pikant: deftige Leckereien   104
Pflanzen-Porträts: Paprika, Petersilie, Feuerbohne, Currykraut   106
Rezept: Paprika-Hack-Pfanne   108

FRISCH UND FIT AUF DEM BALKON   110

Vorbeugen ist die beste Medizin   112
Schnelle Hilfe bei Krankheit   114
Ab in den Winterurlaub   116
Wehret den Anfängen   118

ANHANG

Die Autorin   120
Service   122
Register   124
Impressum   128

AN DIE PFLANZEN ...

... ernten und genießen!

Hand aufs Herz: In Ihrem Leben abseits des Balkons haben Sie doch schon reichlich um die Ohren, oder nicht? Da genießen Sie es doch, wenn Sie einen Ort haben, an dem Sie sich sammeln und erholen können, an dem Sie chillen und sich in aller Ruhe auf dem Liegestuhl räkeln können – Ihren Balkon eben. Wenn einem nun noch die Erdbeeren in den Mund wachsen würden, dann wäre das Schlaraffenland vollkommen. Tatsächlich tun die Erdbeeren das nicht von alleine, aber mit weit geringerem Aufwand, als Sie sich das bestimmt gerade vorstellen.

Sie glauben nicht, dass so eine gechilllte Naschoase möglich ist? Mit diesem Buch haben Sie es in der Hand! Der Schlüssel zum späteren ausführlichen Faulsein liegt in den wertvollen Infos, die Sie in den ersten beiden Kapiteln bekommen. Sie können diese Basics ja ganz gemütlich bei einer Tasse Kaffee oder einem Glas Wein in aller Ruhe und häppchenweise studieren. Tauchen Sie erst einmal in die Basics zu Wind, Sonne, Erde und den Töpfen ein. Und denken Sie daran: Wissen ist Macht, und zwar in diesem Fall über Kräuter, Himbeeren, Tomaten, Salat und, und, und ... Gleichzeitig erfahren Sie aber auch viel über smarte Helfer, die Ihnen eher ungeliebte Arbeiten wie das Gießen abnehmen können. Mit diesen Helfern lässt sich ganz leicht Druck aus der Sache nehmen: Ihre Balkonbewohner wachsen fröhlich und gut versorgt vor sich hin, auch wenn Sie nicht ständig da sind und ihnen Gesellschaft leisten.

Es muss nicht gleich alles perfekt auf Ihrem Naschbalkon sein. Schritt für Schritt kann sich dieser entwickeln, sich von Jahr zu Jahr, gemeinsam mit Ihren Bedürfnissen und Wünschen, verändern. Also alles ganz easy angehen und bloß nicht stressen lassen.

Viel Freude auf Ihrem Naschbalkon für Faule wünscht Ihnen

DEN BALKON KENNENLERNEN

Sie wünschen sich einen Naschbalkon, auf dem Gemüse, Kräuter und Obst gedeihen? Das muss kein Wunschtraum bleiben, wenn die Pflanzen unter optimalen Bedingungen wachsen können. Nicht einmal viel Zeit für die Pflege fällt an – schließlich will man ja auch noch entspannt im Liegestuhl abhängen, um das Leben zu genießen!

EIN GANZ BESONDERER PLATZ

Sie gehören zu den Menschen, die einen Balkon ihr Eigen nennen können? Herzlichen Glückwunsch! Dann gestalten Sie ihn doch als grünende und blühende Oase, in der Gemüse, Beeren, Obst und Kräuter gedeihen.

Das Schöne an Ihrem künftigen Naschbalkon ist offensichtlich: Er liegt nur wenige Schritte von Ihrer Wohnung entfernt, keine langen Anfahrtswege sind notwendig, um dorthin zu gelangen. Dank des relativ kleinen Raums und des Anbaus in Gefäßen brauchen Sie keine sperrigen und teuren Gartengeräte anschaffen. Die Kosten für Pflanzen halten sich ebenfalls in Grenzen, denn fürs Verschönern eines Balkons ist kein großer Geldbeutel notwendig. Bevor Ihnen die Erdbeeren in den Mund wachsen können, gibt es aber einiges zu tun: Wer in einigen Wochen faul die Naschernte genießen und es sich gemütlich machen will, muss nun anpacken und die Utensilien in den vierten Stock hinaufschaffen.

DIE BESTANDSAUFNAHME

Ganz oben auf der Einkaufsliste stehen Erde und passende Gefäße. Was bei deren Auswahl zu beachten ist, erfahren Sie auf den Seiten 16 und 28. Gibt es in Ihrem Haus keinen Lift, können Sie schon im Vorfeld Freunde zum Schleppen engagieren. Ködern Sie die doch mit der Aussicht auf Naschgenüsse – natürlich von Ihrem Balkon. Ehe Sie ins Gartencenter stürmen und sich mit Naschpflanzen aller Art eindecken, sollten Sie sich Gedanken darüber machen, welche Pflanzen sich auf Ihrem Balkon wohlfühlen. Denn nur dann werden Sie reichlich ernten können. Überlegen Sie auch gut, wie viel Platz für den Anbau zur Verfügung steht. Für die Getränkekisten, die sonst auf dem Balkon stehen, lässt sich bestimmt anderswo ein Eckchen finden. Doch Ihren Liegestuhl wollen Sie bestimmt nicht aufgeben.

Diese Kübelbewohner wachsen gut geschützt vor Wind und Wetter an der Hauswand.

Keine Ahnung von der Himmelsrichtung? Dann hilft die Kompass-App sofort weiter.

Überlegen Sie mal: Wann halten Sie sich selbst am liebsten auf Ihrem Balkon auf? Eher morgens oder abends? Und wo verbringen Sie dann gerne die Zeit – in der Sonne oder im Schatten? Ganz nach Ihren Vorlieben sollten Sie dann Ihre Outdoormöbel platzieren. Auf der verbleibenden Fläche dürfen sich dann die essbaren Balkonbewohner breitmachen.

EIN ANDERES KLIMA

Der Standort auf dem Balkon bringt einige Besonderheiten mit sich. Dass Gefäße und Erde erst einmal vor Ort ankommen müssen, habe ich schon erwähnt. Doch auch das Klima ist in luftiger Höhe meistens ein anderes als am Boden. Gut möglich, dass Ihnen auf Ihrem Balkon im vierten Stock der Wind viel stärker um die Nase pfeift als im Straßencafé. Dieser Wind kann auch den Pflanzen das Leben erschweren, denn Gemüsepflanzen wie Gurken oder Stangenbohnen fühlen sich bei ständiger Zugluft nicht wohl, andere Naschvertreter benötigen mehr Wasser, weil der Wind ausdörrend wirkt. Doch keine Sorge! Auch hier kann Abhilfe geschaffen werden. Wie, das erfahren Sie auf Seite 12 und 13.

Besonders auf einem Balkon, der nach Süden ausgerichtet ist, kann es deutlich heißer sein als in Bodennähe. Das liegt an den vielen Mauern und Fenstern, die Wärme reflektieren und speichern. Das Balkongeländer kann diesen Effekt noch verstärken: Besteht es aus Glas, dunklem Holz oder Metall, kann es innerhalb dieser Umrandung gerade an Sommertagen ganz schön heiß werden. Schattenspender erleichtern dann den Pflanzen und Ihnen das Leben (siehe Seite 12). Oder Sie arbeiten flexibel, nutzen das milde Frühjahr für den Anbau und verbringen den Sommer dann relaxt im Liegestuhl, um nach der größten Hitze frisch motiviert erneut die Pflanzschaufel in die Hand zu nehmen.

MEIN RELAX-TIPP

Schauen Sie nach, wie viele Sonnenstunden Ihr Balkon Tag für Tag abbekommt. Daraus können Sie schließen, welche Pflanzen sich dort wohlfühlen werden. Beim Bestimmen der Himmelsrichtung hilft die Kompass-App auf dem Smartphone.

IM SONNIGEN SÜDEN

Auf einem Südbalkon kann sich »Mensch« wohlig in der Sonne räkeln. Auch die meisten Naschpflanzen sind Sonnenanbeter und fühlen sich dort pudelwohl, wo sie mindestens sechs Stunden täglich Sonne abbekommen. Besonders im Frühjahr und ab dem Spätsommer ist ein Südbalkon wunderbar zum Anbau von Naschgemüse und -obst geeignet. Salate, Radieschen und Co. sind in wenigen Wochen erntereif. Ehe es so richtig heiß wird, sind sie längst abgeerntet. Gleiches gilt für den Anbau ab Spätsommer. Dann setzt die beginnende Kälte dem Wachstum Grenzen. Des Guten zu viel werden kann es – für Naschgärtner und Pflanze – im Hochsommer, wenn im Outdoorzimmer tropische Temperaturen herrschen können. Ab 35 °C verlieren auch die Pflanzen die Lust am Wachsen, die Blätter bekommen Sonnenbrand, an Ernte ist nicht mehr zu denken, Paprika etwa werfen dann ihre Früchte ab.
Um es den Pflanzen, aber auch Ihnen auf dem Südbalkon möglichst angenehm zu machen, sind große Pflanzkästen, am besten mit Wasserspeicher, wichtig (siehe Seite 21). Eine Mulchabdeckung (siehe Seite 26) verhindert übermäßige Verdunstung. So kann man den Gießaufwand doch einigermaßen gering halten. Zu einer weiteren Arbeitsentlastung kann auf dem Sonnenbalkon auch ein automatisches Bewässerungssystem beitragen (siehe Seite 24). Eine Beschattung tut nicht nur Ihnen, sondern auch Ihren Balkonbewohnern gut. Ein Sonnenschirm oder eine zusätzliche Markise (siehe Seite 12) gehört zu den Basics auf dem Südbalkon.

IM SCHATTIGEN NORDEN

Auf der Nordseite ist Sonne Mangelware. Für den Naschbalkon eine kleine Herausforderung, denn viele Gemüse und Beeren gieren nach Wärme. Doch Pflanzen mit zarten Blättern wie Spinat, Petersilie oder Pflücksalat werden auch hier bestens gedeihen. Ganz zu schweigen von duftenden Walderdbeeren! Wichtig ist, dass Sie den hellsten Standort auf dem Balkon für Ihre Pflanzen auswählen – die Töpfe also besser oben an das Balkongeländer hängen oder auf eine Blumentreppe stellen als in eine düstere Ecke auf den Boden. Großes Plus: Beschattungsaktionen können Sie sich auf dem Nordbalkon sparen!

HURRA! MORGENSONNE!

Die Frühaufsteher unter den Balkongärtnern können auf dem Ostbalkon bereits eine Tasse frisch gebrühten Kaffee oder Tee in der Sonne genießen. Hier können sich auch die Naschpflanzen schon frühmorgens in der Sonne aalen und wachsen … wenigstens in den paar Stunden, in denen die Sonne vorbeischaut. Im Halbschatten fühlen sich einige Kräuter ebenso wie Schnittknoblauch und viele Beerensträucher wohl, und so steht einem prachtvollen Naschbalkon nichts

Beim Planen die Fensterbank nicht vergessen! So sehen Sie Ihre Pflanzen innen und außen.

Balkontüre auf und ausruhen, gern bei einem kleinen Absacker: Ein Hoch und Prosit auf den erholsamen Feierabend auf dem Naschbalkon! Und genießen Sie die Gesellschaft Ihrer Naschpflanzen!

im Wege. Beim Auswählen der Pflanzen sollten Sie sich vergewissern, dass sie sich für den Anbau im »Halbschatten« eignen.

DER FEIERABEND-BALKON

Der Westbalkon ist der Star für arbeitende Balkonbesitzer! Nach einem langen Bürotag können sie dort einen Cocktail in der Abendsonne genießen. Dafür können sie dann gleich ein wenig von ihrer Minze abpflücken, die sich auf dem Westbalkon pudelwohl fühlt. Der Westbalkon hat den Pflanzen Ähnliches zu bieten wie ein Ostbalkon, allerdings ist die Abendsonne bei den Pflanzen nicht ganz so beliebt, denn sie nutzen in der Regel die morgendlichen Sonnenstrahlen besser fürs Wachstum als die Abendsonne.

WAS NOCH WICHTIG IST

Alle Klarheiten beseitigt? Es kommt noch besser, denn es gibt noch andere Faktoren, die Sie checken sollten, bevor Sie sich für bestimmte Pflanzen entscheiden. Setzen Sie sich dazu einfach öfter mal bewusst auf den Balkon, schreiben Sie auf, wann Sie die Sonne zu Gesicht bekommen. Das gilt übrigens als Arbeit, nicht als Faulsein!
• Ein unterer Balkon bekommt meist weniger Sonne ab als ein oberer. Dafür haben die Naschpflanzen in der Höhe eher mit Wind zu kämpfen.
• Für Schattenwurf können auch ein Gebäude oder Baum sorgen, vor allem im Frühjahr und Herbst, wenn die Sonne nicht so hoch steht.
• Eine große Glasfront kann die Sonne von Gegenüber auf Ihren Balkon werfen und so für mehr Helligkeit sorgen.

WOHLFÜHLKLIMA FÜR PFLANZE UND MENSCH

Naschpflanzen und Balkonbesitzer haben oft ähnliche Bedürfnisse: Sie wollen sich in der nicht zu stechenden Sonne aalen, der Wind soll Blätter und Haare nicht zerzausen. Pflanze und Mensch kann geholfen werden!

Nach dem Winter ist es ja prima, sich von der Sonne wärmen zu lassen. Was aber tun, wenn die Strahlen Haut und Blätter im Sommer zu verbrennen drohen? Da hilft nur eines: ein Sonnenschutz. Der Klassiker unter den Schattenspendern ist – ganz klar – der Sonnenschirm. Weil er ein markantes Gestaltungselement ist, darf er gerne hübsch aussehen und zum Balkonambiente passen. Stylish sein ist aber nicht genug, der Schirm soll auch seiner Funktion gerecht und pflegeleicht sein. Praktisch sind beispielsweise Schirme mit einem Stoffbezug, der gegen Feuchtigkeit imprägniert ist. Ganz wichtig ist auch die Größe des Schirms, denn die hat Einfluss auf den Schattenwurf. Auf dem Balkon kann eine eckige Form praktischer sein als ein Rundschirm.

Wie reagiert der Schirm auf Wind – das ist ebenfalls eine wichtige Frage. Knickt er ab oder fällt gar herunter, bringt er dadurch Pflanzen oder Passanten und Nachbarn in Gefahr! Die Standfestigkeit des Sonnenschutzes hängt zum einen von der Dicke des Mastes, zum anderen von der festen Verankerung im Ständer oder am Geländer ab. Auf jeden Fall sollten Sie auf Robustheit achten. Im besten Fall ist der Schirm vom Hersteller im Windkanal geprüft; da wissen Sie dann ganz genau, wieviel Sie ihm zumuten können. Bei Starkwind sollte er trotzdem vorsichtshalber geschlossen bleiben. Da die Sonne im Laufe des Tages wandert, ist es sinnvoll, wenn man den Sonnenschutz nach allen Seiten ausrichten kann. Biegt die Sonne immer um die Mittagszeit um die Ecke, können Sie ihre Strahlen auch mit einem Balkonfächer, der seitlich am Balkon mithilfe einer Wandhalterung befestigt wird, abmildern.

Blüten, die zu essbaren Leckereien werden: Wind- und Sichtschutz aus Feuerbohnen.

EIN DACH ÜBER DEM KOPF

Eine praktische und stabile Alternative zum Sonnenschirm ist die Markise, die ein kleines Dach über dem Balkon bildet. Am weitesten verbreitet ist die Variante, die über dem Balkon montiert wird und sich mit einer Kurbel oder auf Knopfdruck bedienen lässt. Bei der Installation muss der Vermieter mitspielen, denn Markisen werden fest an der Hauswand angedübelt und für diese »bauliche Maßnahme« muss er seine Zustimmung geben. Doch es gibt ja noch andere kreative Lösungen, die sich unkomplizierter umsetzen lassen: so etwa Sonnensegel, die man ähnlich wie Rollos an der Decke befestigt kann und die mit dem Balkongeländer abschließen. Ist das Tuch in einer Führungsschiene befestigt, so trägt dies zusätzlich zu Stabilität bei. Ein Sonnensegel kann senkrecht und waagrecht gespannt werden, teilweise lässt es sich – ähnlich wie ein Duschvorhang im Badezimmer – hin und her schieben. Wichtig: Bei allen baulichen Veränderungen, und sei es nur ein Loch in der Fassade, das zu bohren ist, muss unbedingt der Vermieter vorher informiert und um Erlaubnis gefragt werden.

DER WIND, DER WIND ...

Die Sonne ist es nicht allein, die den Naschpflanzen auf dem Balkon zu schaffen macht. Zusätzlich müssen sie sich auch meist gegen Wind behaupten. Vor allem auf Balkonen in den oberen Etagen kann dies zum Problem werden, denn Naschkandidaten mit großen und weichen Blättern, wie Feuerbohnen, Zucchini und Gurken, mögen es überhaupt nicht, wenn ihr Laub zerzaust und zerrissen wird. Aber auch hier gibt es Möglichkeiten, Abhilfe zu schaffen:
• Lassen Sie die Naschpflanzen im Schutz von windfesten grünen Mitbewohnern heranwachsen: Robuste Kletterer wie Erbsen lassen sich durch Wind nicht ins Bockshorn jagen. Ein Rankgitter oder Schnüre leiten die Triebe nach oben, die dann eine grüne Mauer bilden.
• Wer nicht auf grünen Windschutz warten will, kann den Balkon anderweitig verkleiden. Wie wäre es beispielsweise mit einer Schilfrohrmatte? Die ist preiswert zu haben und lässt sich mit ein paar Kabelbindern ganz schnell am Geländer befestigen. Eingesetzt wird sie nach Bedarf entlang des ganzen Balkongeländers oder aber nur an einer Ecke, die besonders zugig ist. Hübsch sehen auch Stoffbahnen aus, die man als Meterware in bunten Farben oder mit Mustern kaufen kann und die für dekorativen Wind- und Sichtschutz sorgen. »Normale« Stoffe haben allerdings den Nachteil, dass sie bald ausbleichen, die Investition in UV-beständige Materialien ist deshalb auf Dauer eine Überlegung wert.

Ein Sonnenschirm spendet vor allem im Hochsommer willkommenen, kühlen Schatten.

GUT GEERDET: DIE RICHTIGE GRUNDLAGE

Gesunde und ausgewogene Nahrung lässt Balkongärtner wie Naschpflanzen prächtig gedeihen. Hier erfahren Sie, wie das Erdbüfett auf dem Balkon aussehen soll, damit Sie in ein paar Wochen reichlich ernten können.

Pflanzen auf dem Balkon leben unter »erschwerten Bedingungen«, denn ihren Wurzeln werden spätestens am Topfrand Grenzen gesetzt. Erde für Naschpflanzen auf dem Balkon muss deshalb besondere Qualitäten haben:

• Sie soll Wasser- und Nährstoffe gut speichern und diese dann an die Pflanzen weitergeben, damit die leckere Ernte produzieren können.

Für Jungpflanzen ist eine besondere Anzuchterde notwendig, die noch wenige Nährstoffe enthält.

• Die Erde soll schön locker bleiben, damit die Wurzeln gut darin wachsen und sich keine Staunässe bildet. Stehen die Pflanzen ständig im Wasser, geht ihnen regelrecht die Luft aus und die Wurzeln fangen an zu faulen.

DAS PASSENDE SUBSTRAT

Wer ins Gartencenter stapft, wird sich irgendwann zwischen Stapeln von Tomaten-, Universal-, Kräuter-, Zitruserde und Wasweißich-Erde wiederfinden. Also bitte überlegen Sie gut, was Sie überhaupt brauchen!

Grundsätzlich sollte Ihre Erde für Kübelpflanzung sowie die Kultur von Naschpflanzen geeignet sein. Meist bedeutet das, dass das Substrat mit Lavagrus, Perlite, Kokosfasern oder anderem porösem Material durchmischt ist. Diese Bestandteile sorgen dafür, dass die Erde durchlässig bleibt, sodass Wasser und Luft »eingelagert« werden und die Wurzeln wachsen können. In der Regel ist im Substrat eine »Grunddüngung« enthalten, deren Nährstoffe langsam freigesetzt werden und die Pflanzen über einige Wochen ernähren. Ist die Nahrung aufgebraucht, so muss man nachdüngen (siehe Seite 16). Aber bitte immer individuell, ganz nach Bedarf: Salat mag's

Gute Kübelpflanzenerde ist die Grundlage für Wachsen und Gedeihen der Naschpflanzen.

nicht so üppig, sonst reichern sich die Blätter mit zu viel Nitrat an. Ebenso sieht es bei den Kräutern aus, für die es spezielle Kräutererde gibt. Was jede Naschpflanze individuell benötigt, dazu finden Sie Empfehlungen bei den jeweiligen Pflanzenporträts im dritten Kapitel.

FÜR SPEZIALFÄLLE

Wer auf dem Balkon selbst Pflanzen aus Saatgut heranziehen will, benötigt Anzuchterde. Die ist fein gesiebt, sodass sich die zarten Wurzeln leicht darin ausbreiten können. Anzuchterde enthält deutlich weniger Nährstoffe als Pflanzerde, und zwar aus zwei Gründen: Die feinen Wurzeln erleiden Verbrennungen, wenn sie mit einer zu hohen Konzentration von Nährsalzen in Berührung kommen. Zum anderen sollen die Wurzeln ein weit verzweigtes Netz bilden, damit die Pflanzen später gut Nährstoffe und Wasser aufnehmen. Damit die Erde nicht zusammenpappt, sind kleine »Abstandhalter« in Form von Kokosfasern oder Perlite darin. Letztere sind – einfach gesagt – kleine Kügelchen mit großem Porenvolumen, die reichlich Wasser und Luft speichern.

Wofür Spezialerden gedacht sind, können Sie der Packungsangabe entnehmen: Tomatenerde natürlich für Tomaten, das Substrat enthält extra viele Nährstoffe, denn die Fruchtpflanzen brauchen richtig viel davon. Auch Paprika, Chili und Gurken fühlen sich in beigemischter Tomatenerde wohl. »Saure Erde« ist für Spezialisten wie Heidelbeeren gedacht. Für sie muss der pH-Wert niedrig sein, damit sie gut gedeihen.

TAUSCHBÖRSE

Balkonpflanzenerde hat den Nachteil, dass sie relativ häufig ausgetauscht werden muss. Besonders bei hungrigen Kandidaten, wie Tomaten oder Gurken, ist jedes Jahr neue Erde fällig.

MEIN RELAX-TIPP

Um nicht unnötig viele Säcke Erde mühsam auf den Balkon zu transportieren, sollten Sie bereits vorher grob überschlagen, wie viel Substrat Sie überhaupt benötigen. Bei einigen Kübeln findet sich dazu eine Angabe in Litern am Topfboden.

BESTENS VERSORGT FÜR REICHE ERNTE

Smoothies und Superfoods stehen schon längst auf dem Speiseplan des Balkongärtners. Damit auch die Pflanzen leistungsfähig sind, gibt es auch für sie die passenden Energielieferanten.

Obst, Gemüse, Salate und Kräuter in Kisten und Kübeln können eine Weile lang auf die Nährstoffe zurückgreifen, die in guter Pflanzerde enthalten sind. Möglichst große Pflanzbehälter, in die viel Erde und damit reichlich Nährstoffe passen, sind deshalb für Balkongärtner die beste Voraussetzung zum Faulsein. Für jede Naschpflanze gibt es eine Mindestgröße: Tomaten brauchen ein Erdvolumen von mindestens 15 Liter, für Pflücksalat reicht ein Balkonkasten jederzeit aus. Dennoch: Egal wie groß der Topf ist, spätestens nach einigen Wochen ist Nahrungsnachschub nötig. Spätestens dann heißt es zum Dünger greifen.

SO VIEL HUNGER HABEN DIE PFLANZEN

Der Hunger ist bei den Naschpflanzen unterschiedlich stark ausgeprägt. Je nachdem, wie viele Nährstoffe sie benötigen, werden sie in Klassen eingeteilt. Besonders die einjährigen Balkonbewohner, die Früchte hervorbringen sollen, wie Gurke, Kürbis, Paprika, Tomate oder Zucchini, brauchen in ihrem kurzen Leben viel Nahrung. Man rechnet sie deshalb zu den Starkzehrern. Bekommen sie nicht genug davon ab, dann entwickeln sie sich zu Mickerlingen, sind anfällig für Krankheiten, und an nennenswerte Erträge ist überhaupt nicht mehr zu denken. Zu viele Nährstoffe sind die Kehrseite der Medaille – Schwachzehrer wie viele Kräuter oder Salate werden dadurch nicht ertragreicher, sondern schmecken fader. Ein Ernährungscoach müssen Sie aber nicht sein, um die Naschpflanzen zufriedenzustellen. Meist ist auf dem Etikett am Pflanzkübel eine Düngeempfehlung enthalten, die Ihnen weiterhilft.

MEIN RELAX-TIPP

Wer möglichst wenig Zeit mit Düngen verbringen möchte, wählt nur Schwachzehrer wie mediterrane Kräuter, Kopf- und Pflücksalat oder Radieschen für seinen Naschbalkon aus. Die kommen problemlos mit minimalen Nährstoffen aus.

Düngepellets enthalten wertvolle Nährstoffe, die über eine längere Periode an die Pflanzen abgegeben werden. Das spart viel Zeit!

EINFACH AUF VORRAT

Für Menschen mit wenig Zeit gibt es Düngerformen im Gartencenter, die einfach anzuwenden sind. Gut eignen sich Langzeitdünger, aus deren Depot sich die Nährstoffe über Wochen langsam lösen und dann von den Naschpflanzen aufgenommen werden. Die Dosierung richtet sich nach Pflanzenart und Topfdurchmesser. Wichtig ist, die Stäbchen möglichst tief ins Erdreich zu stecken und nahe den Wurzeln zu platzieren.
Ganz unkompliziert können Sie auch beim Gießen nachdüngen. Dazu gibt's wasserlösliche Volldünger, die ins Gießwasser geschüttet werden. Bitte halten Sie sich an die Konzentration, die auf der Gebrauchsanleitung angegeben ist! Wann die Pflanzen »nachtanken« sollen, tragen Sie sich ins Smartphone ein.

Bei mehrjährigen Naschpflanzen, Obstgehölzen und Beerensträuchern geben Sie den Dünger besser in Form von Pellets oder Kügelchen. Mehrjährige benötigen meist zweimal im Jahr viel Energie: einmal um die neuen Triebe am Jahresanfang auszubilden, zum anderen später im Sommer, wenn sich die Früchte entwickeln. Eine Düngung sollte nie erfolgen, wenn gerade Trockenzeit im Topf herrscht. Die Erde muss gut feucht sein, bevor der Dünger zum Einsatz kommt. Ansonsten kann es zu Verbrennungen der Pflanzen kommen. Ist eine Naschpflanze gut mit Nährstoffen versorgt, so haben die Blätter eine schöne grüne Farbe und wachsen gut. Nachdüngen sollte man immer nur in den vorgegebenen Mengen und nicht auf Vorrat. Die doppelte Ration ist eindeutig des Guten zu viel!

WASSER – DAS LEBENSELIXIER

Gießen ist tatsächlich die am häufigsten anfallende Arbeit für Naschpflanzenfans. Also ran an die Gießkanne! Oder gibt's doch andere Wege, die das Hin und Her zwischen Wasserhahn und Balkon ersparen?

Für Gießhäufigkeit und Gießmenge gibt's leider kein Patentrezept. Wie viel Wasser eine Pflanze braucht, hängt von Wind, Luftfeuchtigkeit und Temperatur, aber auch vom Standort und dem individuellen Wasserbedarf einer Naschpflanze ab. Das kann sich auch von Tag zu Tag ändern: Brennt die Sonne auf den Balkon, verdunstet wesentlich mehr Wasser als an einem wolkenverhangenen Tag. Mediterrane Kräuter mit schmalen, grauen Blättern brauchen weniger Wasser als Gurken mit großem, dünnen Laub, die dazu saftige Früchte liefern sollen. Oft lohnt es sich, bei der Auswahl für den Balkon gezielt auf besondere Sorten mit kleinen Blättern zu setzen, wie zum Beispiel das Griechische Strauch-Basilikum (siehe Seite 98). Die Miniblätter schmecken genauso aromatisch wie die vom »großen Bruder«, bieten Wind und Sonne aber eine wesentlich geringere Angriffsfläche, die Pflanzen sind unkomplizierter in der Pflege und benötigen deutlich weniger Wasser.

RÜCKSICHT AUF DIE KLEINEN

Sämlinge oder Jungpflanzen bekommen eine Sonderbehandlung: Nach der Keimung der Saat oder nach dem Einpflanzen sollten sie keinem Wasserstress ausgesetzt sein. Sind die Pflanzen gut eingewurzelt, kann man die Gießfrequenz etwas herunterfahren; das gilt besonders dann, wenn sie in einem großen Gefäß wachsen, denn wassergesättigte Erde kann das Nass längere Zeit an die Pflanze abgeben. Sinnvoll ist auch eine Mulchschicht (siehe Seite 26). Sie verhin-

Wasser bekommt die Tomate direkt auf die Erde. So bleiben die Blätter von Krankheiten verschont.

dert, dass zu viel Wasser von der Sonne an die Oberfläche »gesaugt« und verdunstet wird, ohne den Pflanzen zu nützen.

WASSERDEPOTS SCHAFFEN

Die Erde ist nur einer von vielen möglichen Wasserspeichern. Es gibt noch jede Menge weiterer Möglichkeiten, wie Sie für zusätzliche Wasserdepots sorgen und damit den Gießaufwand drastisch reduzieren können:

- Erde kann mehr Feuchtigkeit speichern, wenn Sie bis zu 20 Prozent Lavagrus, Perlite oder Ähnliches untermischen. Diese Stoffe können das Mehrfache ihres Eigengewichts an Wasser speichern und langsam an die Wurzeln abgeben.
- Sie können Ihre Blumenkästen »aufrüsten« und am Boden Wasserspeichermatten auslegen. Diese Matten werden einfach auf die passende Größe zurechtgeschnitten und nehmen bis zum Sechsfachen ihres Eigengewichts an Wasser auf.
- Es gibt Blumenkästen mit integriertem Wasserreservoir. Sie funktionieren alle nach demselben Prinzip: Im Boden befindet sich ein Wasserspeicher, der in der Regel mehrere Liter fasst. Über den Füllstand gibt ein Wasserstandsanzeiger Auskunft. Das eigentliche Pflanzgefäß steht darüber, und zwar auf Abstandhaltern, damit die Pflanzen nicht im Wasser stehen.

TIPPS ZUM GIESSEN

Timing und Zielgenauigkeit sind gefragt, wenn Sie Ihre Pflanzen mit Wasser versorgen:

- Achten Sie darauf, dass Sie direkt in den Topf gießen und nicht die Blätter mit Wasser benetzen. Also die Brause der Gießkanne abnehmen und das Blattgrün vorsichtig zur Seite streifen. Ansonsten haben Krankheiten und Bakterien die besten Voraussetzungen, um sich auszubreiten (siehe Seite 114 und 118).

Schluck für Schluck kommt neue Power an die Wurzeln dank Flüssigdünger im Gießwasser.

- Auf »Vorrat« zu wässern ist ungesund: Überschüssiges Gießwasser gießen Sie besser zeitnah aus den Untersetzern ab, sonst entsteht Staunässe, und die Wurzeln faulen.
- Hetzen Sie beim Gießen nicht über Ihren Balkon, sondern geben Sie Ihren Pflanzen ganz in Ruhe Schluck für Schluck Wasser, am besten schon leicht von der Sonne angewärmtes, das den Tag über in der Gießkanne gestanden hat. Die Erde muss Zeit haben, das Wasser aufzusaugen. Nutzen Sie die Zeit bewusst, um auch selbst mal wieder zu entschleunigen.
- Die meisten Naschpflanzenbesitzer greifen abends zur Gießkanne. Jackpot, denn dann ist die Luft leicht abgekühlt und die Töpfe sind nicht mehr so stark aufgeheizt, das Gießwasser verdunstet nicht ungenutzt in der Luft.

GIESSEN MIT KÖPFCHEN

Die ultimativen Tipps zum Wasser- und Zeitsparen!

Über den porösen Tonkegel am Flaschenhals kann sich die Pflanze selbst mit Wasser versorgen.

EINFACH NACHSAUGEN

Keine Zeit zum Gießen? Dann sorgen Sie doch dafür, dass die Naschpflanzen sich selbst am notwendigen Nass bedienen können. Das System »Tonkegel« beruht darauf, dass die durstigen Wurzeln sich über einen porösen Tonfühler mit angeschlossenem Schlauch selbst frisches Wasser aus einem Reservoir saugen können. Der Behälter sollte dafür tiefer stehen als der Pflanztopf, damit nicht aktiv Wasser nachfließt und Staunässe entsteht. Bei anderen Systemen wird der Kegel auf eine gefüllte Wasserflasche aufgeschraubt und diese kopfüber in den Topfballen gesteckt. Wichtig ist, dass die Flasche gut befestigt ist und nicht umfallen kann. Sonst besteht die Gefahr, dass das Wasser ausläuft. Ein Loch im Flaschenboden verhindert ein Vakuum.

WASSERHAHN ANZAPFEN

Von Ihrem Balkon aus ist es nicht weit in die Küche oder ins Badezimmer? Perfekt, denn dann können Sie sich den Weg zum Wasserhahn und das lange Warten, bis die Gießkanne endlich vollgelaufen ist, ersparen. Warum? Weil Sie einfach einen Schlauch an den Wasserhahn anbringen können. Das geht total unkompliziert und einen passenden Aufsatz sowie einen Schlauch in der passenden Länge finden Sie in jedem Baumarkt. Mit wenigen Handgriffen lässt sich der Adapter hinterher wieder abkoppeln. Besonders praktisch: Spiralschläuche, die nicht viel Platz brauchen und schnell wieder verstaut sind.

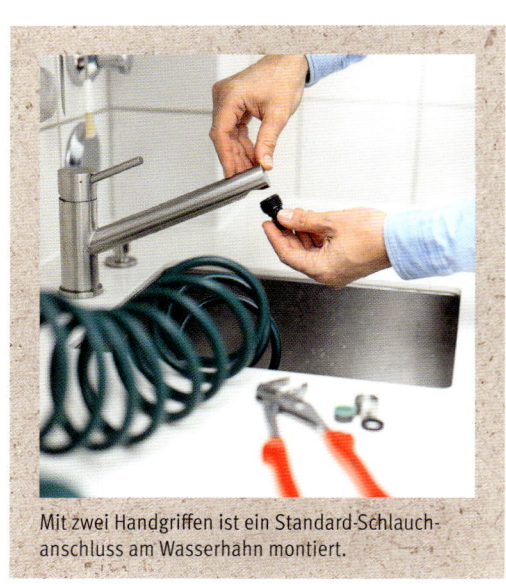

Mit zwei Handgriffen ist ein Standard-Schlauchanschluss am Wasserhahn montiert.

Integrierte Wasserspeicher in Balkonkästen sind für vielbeschäftigte Gärtner Gold wert.

SPEICHER AM BODEN

Bei Pflanzgefäßen mit eingebautem Wasserreservoir können sich die Wurzeln von unten selbst mit dem lebensnotwendigen Nass versorgen. Dieses befindet sich unterhalb eines Bodens, der zwischen Wasservorrat und dem Pflanzsubstrat eingezogen ist. Das Wasser kann über gelochte Kanäle oder dicke »Dochte«, etwa aus Filz, in den eigentlichen Wuchsraum gelangen. Bitte beachten Sie, dass die Pflanzen nicht direkt nach dem Eintopfen auf das Wasser zurückgreifen können, dazu müssen erst einmal die Wurzeln in den Feuchtebereich wachsen. Wer einen Wasserspeicher für den Urlaub nutzen will, sollte das System mehrere Wochen vorher »einfahren«.
Der Wasserspeicher wird über einen Stutzen in einer Ecke befüllt. Ein Füllstandsanzeiger gibt Auskunft, wann die Vorräte erschöpft sind. Damit nicht Regenwasser für Überschwemmung im Topf sorgt, gibt es an den wasserspeichernden Töpfen einen seitlichen Stöpsel, der die Funktion eines Überlaufventils übernimmt: Fließt zu viel Wasser in den Topf, dann wird es seitlich abgeleitet.

UNTERSETZER

Wer es simpel mag oder einfach noch nicht weiß, ob er Lust aufs Balkongärtnern hat, stellt schlicht und einfach Untersetzer unter die Gefäße. In diesen Tellern kann das Gießwasser eine Weile stehen bleiben, die Erde hat Zeit, sich Schluck für Schluck vollzusaugen und alle Depots zu füllen. Wasser, das nach zwei bis drei Stunden immer noch im Untersetzer steht, sollte dann aber immer ausgekippt werden. Bei Staunässe fangen die Wurzeln der Pflanzen an zu faulen. Und noch einen Vorteil hat der Untersetzer: Der Boden bleibt sauber, weil Gießwasser nicht über die Fliesen läuft und hässliche Flecken verursacht.

Das Wasser darf durchaus eine Weile im Untersetzer bleiben. So kann sich die Erde richtig gut vollsaugen.

PRAKTISCHE HELFER BEIM WÄSSERN

Alles muss man selber machen! Aber nicht auf dem Balkon – hier gibt es glücklicherweise fleißige Helferlein und brillante Technik, die das Gärtnern und das Faulsein kolossal erleichtern.

Mit der Gießkanne – an heißen Tagen vielleicht sogar mehrmals täglich – für Wassernachschub zu sorgen ist Ihnen zu aufwändig? Zum Glück gibt es tolle Technik, die Ihnen diese Arbeit erleichtert oder abnimmt! Suchen Sie nur eine Kurzzeitlösung für das lange Wochenende oder benötigen Sie eine dauerhafte Bewässerungshilfe? Für beide Fälle gibt es eine Lösung. Was man bisher nur von Großgärtnereien kennt, hält inzwischen auch auf dem Balkon Einzug. Trauen Sie sich ruhig ran an die modernen Helfer, denn es gibt mittlerweile preiswerte und einfach zu handhabende Produkte auch für den Balkongarten! Für Einsteiger sind Tonkegel (siehe Seite 20 und 24) nicht nur simpel zu handhaben, sondern auch noch preiswert. Sie benötigen dafür weder einen Strom- noch einen Wasseranschluss. Wie viel Wasser täglich an die Pflanze abgegeben wird, ist vom Tonkegel abhängig, der Durchfluss schwankt zwischen 70 und 300 Milliliter pro Tag.

GIESS-HIGHTECH

Wer so gut wie nichts mehr mit dem Gießen zu tun haben möchte, kann sich eine Komplettlösung besorgen. Damit wird Ihnen das Gießen ganz abgenommen. Die schlauen Systeme sparen nicht nur Zeit, sondern auch Wasser ein, denn sie bewässern zielgenau und tröpfchenweise an den Wurzeln. Manche vollautomatischen Bewässerungssysteme benötigen einen Wasser- und Stromanschluss, andere kommen mit einem Hochtank aus. Falls eine Steckdose am Balkon vorhanden ist, kann noch eine Pumpe zwischengeschaltet werden. Ohne Stromanschluss arbei-

Wer eine Tröpfchenbewässerung installiert hat, kann sich zurücklehnen: Die Technik übernimmt.

Superschnell lässt sich das Wasserreservoir im Balkonkasten über den Einfülltrichter befüllen.

ten Systeme, die mit Solarenergie betrieben werden. Je nach Balkon findet sich garantiert ein passendes Bewässerungssystem auch für Ihre Bedürfnisse oder besser die Ihrer Pflanzen. Auf der nächsten Seite stellen wir Ihnen in mehreren Steps vor, wie eine Tröpfchenbewässerung angeschlossen wird. Je nach System können Sie mithilfe des Bewässerungscomputers programmieren, an welchen Tagen, zu welcher Uhrzeit und wie lange bewässert werden soll. Daneben gibt es Systeme mit integriertem Sensor, die sicherstellen, dass die Pflanzen nur so viel Wasser bekommen, wie sie benötigen. Das tut nicht nur den Pflanzen gut, sondern auch Ihrem Geldbeutel! Hört sich kompliziert an? Keine Sorge: Wer Hilfe braucht, findet im Internet Videoanleitungen, die leicht nachzuvollziehen sind.

ZWEI FLIEGEN MIT EINER KLAPPE

Nicht nur Wasser, sondern auch der Dünger kann über die Tröpfchenbewässerung an die Pflanzen gebracht werden. Die Nahrung wird dann über ein automatisches Düngerbeimischgerät in das System integriert. Ganz nach individuellem Bedarf kann man das Konzentrat dosieren.

DA WAR DOCH WAS ...

Sie wollen lieber selbst gießen, weil Sie dabei so wunderbar zur Ruhe kommen? Sie sind sich aber über den richtigen Zeitpunkt zum Gießen nicht im Klaren? Kein Problem: Man kann sich auf das Smartphone melden lassen, wann gegossen werden muss. Dazu gibt es ein schlaues Gerät, das mithilfe von Sensoren die Lichtstärke, die Umgebungstemperatur, die Bodenfeuchtigkeit und den Düngestand erfasst und die notwendige Meldung an Ihr Handy schickt. Damit Sie nicht für alle Gefäße ein solches Gerät anschaffen müssen, sollten Sie es zu einer Pflanze stecken, die exemplarisch für andere steht.

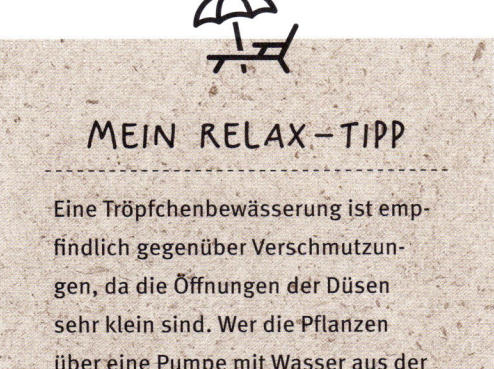

MEIN RELAX-TIPP

Eine Tröpfchenbewässerung ist empfindlich gegenüber Verschmutzungen, da die Öffnungen der Düsen sehr klein sind. Wer die Pflanzen über eine Pumpe mit Wasser aus der Leitung versorgt, sollte auf jeden Fall einen Filter zwischenschalten.

BYE BYE, LIEBE GIESSKANNE

Lassen Sie doch einfach die Technik für Sie gießen!

Damit es auf Ihrem Balkon so bequem wie nur möglich zugeht, kann ein automatisches Bewässerungssystem genau das Richtige sein. Machen Sie sich bloß keine Sorge: Die Installation ist wirklich kein Hexenwerk, das schaffen Sie bestimmt! Wer es mit Tomaten und Chilis aufnimmt, der braucht vor der Technik nicht zurückschrecken. Trauen Sie sich ran, Sie werden sehen, was für eine Arbeitserleichterung das ist. Und Sie können guten Gewissens zum Baden gehen im Sommer, für Ihre Pflanzen ist gesorgt.

Jedem System liegt eine ausführliche Anleitung bei, ansonsten hilft das Fachpersonal im Gartencenter, die Hotline des Herstellers oder ein Video im Internet weiter. Es braucht nicht mal spezielles Werkzeug, um ein Bewässerungssystem zum Laufen zu bekommen. Also warum noch länger Gießkannen schleppen, wenn man diese Aufgabe doch schon längst abgeben könnte?

Jede Pflanze und jedes Gefäß – egal ob es sich um einen Balkonkasten oder einen Kübel handelt – wird mit mindestens einem Wasserzulauf bestückt. Dieser kann auf den Bedarf der betroffenen Naschpflanze individuell eingestellt werden. Für Gefäße mit großem Erdvolumen können auch mehrere Fühler notwendig sein. Alle Fühler sind an einen gemeinsamen Schlauch angeschlossen, der zum Wasseranschluss führt. Dies kann die mit einem Druckreduzierer ausgestattete Hauswasserleitung, ein höherstehender Wassertank (Regentonne, ausrangiertes Holzfass) oder das Hauswasserwerk sein.

Vor dem Winter wird die Bewässerungsanlage abgebaut und und vor dem Einlagern gereinigt. Das Saubermachen kann auch zwischendurch mal nötig sein, denn kalkhaltiges Wasser aus der Leitung oder kleine Schmutzpartikel im Regenwasser können die Öffnungen schon mal verstopfen. Mit einer Nadel sind sie aber im Nu wieder frei, und das Wasser kann weiterfließen.

DAS BRAUCHEN SIE:

- AUTOMATISCHES BEWÄSSERUNGSSYSTEM MIT TROPFER UND SCHLÄUCHEN
- WASSERGEFÄSS
- GARTENSCHERE
- GGF. HOCHTANK

1 Schrauben Sie den grünen Gießkopf der Tonkegeln ab. Unter dem Wasserhahn volllaufen lassen und wieder fest verschließen. Anschließend kommen alle Kegel für mindestens eine Stunde in eine Wasserschüssel, um sich vollzusaugen.

2 Sind die Tonkegel im Balkonkasten lose verteilt, wird nun noch der Verbindungsschlauch zwischen den Kegeln auf die richtige Länge gebracht. Mit der Gartenschere geht das ganz einfach.

3 Bevor die Tonkegel in Betrieb genommen werden, müssen Sie die Pflanzen noch einmal richtig ordentlich gießen. Nun die Tonkegelsensoren in die Töpfe und Kästen gesteckt, und zwar möglichst in Wurzelnähe und nur bis zur auf dem Kegel gekennzeichneten Einstecktiefe. Der Abstand zwischen zwei Sensorkegeln sollte 20 Zentimeter nicht unterschreiten.

4 Vom Zufuhrschlauch nun kleinere Schlauchstücke abschneiden und mit den Tonkegeln und den beigelegten T-Anschlüssen verbinden. Ist alles installiert, werden die Einstellschrauben aufgeschraubt: Wasser marsch!

MULCHEN – EIN MUSS

Dünne Schicht mit großer Wirkung!

Pinienmulch bringt Mittelmeerflair in die Töpfe. Er ist milder als einheimischer Rindenmulch.

GUT ABGEDECKT

Egal ob Stroh, Vlies, Kieselsteine, Muscheln oder Zeitungspapier: Durch das Abdecken der Erdoberfläche verringert sich der Aufwand beim Gießen, denn die Mulchschicht verhindert, dass Wasser über die Erdoberfläche einfach verdunstet, ohne dass es den Pflanzen zugute kommt. Dadurch lassen sich die Intervalle zwischen den Wassergaben vergrößern. Bei starken Regenfällen verhindert die Mulchschicht außerdem, dass Erde aus den Töpfen herausgeschwemmt wird und sich dann – optisch äußerst unschön – auf Bodenplatten oder an der Hauswand verteilt. Ein weiterer Vorteil: Die Erdoberfläche wird nicht von Algen »abgedichtet«, Luft- und Wasser-Poren bleiben offen. Das Gießwasser kann problemlos und zügig ins Substrat eindringen.

SCHÜTZENDES STROH

Vor allem bei Erdbeeren schützt eine Strohschicht die Erde nicht nur vor dem Austrocknen, es sieht auch dekorativ aus. Auf dem weichen Bett bleiben die leckeren Früchtchen schön trocken, vor allem tief hängende Beeren fangen nicht an zu faulen, weil sie mit der Erde nicht in direkten Kontakt geraten. Sie sparen sich außerdem das Säubern der Früchte, die leckere Ernte kann direkt in den Mund wandern. Im Winter schützt Stroh auch die flachwurzelnden Himbeeren vor Kälte. Bitte nur Stroh aus biologischem Anbau verwenden, das nicht mit chemischen Halmverkürzern oder Pestiziden belastet ist!

Geschützt vor Nässe von unten und Schmutz ruhen die Erdbeeren auf ihrer Strohauflage.

Weiße Kieselsteine schützen die Kräuter, reflektieren die Sonne und sehen attraktiv aus.

MINERALISCHER MULCH

Feine Kieselsteine oder auch Muscheln vom Meeresstrand als Mulchmaterial zu nutzen, bietet einige Vorteile: Nicht nur das entspannte Urlaubsfeeling – besonders wenn man die Muscheln oder Steine vorher am Strand oder am Flussufer selbst gesammelt hat – wird dadurch auf den Balkon gebracht. Anders als Stroh, Laub oder anderes organisches Material halten sich die mineralischen Materialien über Jahre und müssen nicht erneuert werden. Vor allem bei mediterranen Kräutern, wo organisches Material wie Rindenhumus wie zusätzlicher Dünger wirkt, sind Muscheln oder Kieselsteine ideal. Einmal auf den Balkon gebracht, sind sie verlässlich immer wieder aufs Neue einsetzbar. Muss umgetopft werden, wird das Mulchmaterial einfach abgesammelt, durchgespült und direkt wiederverwendet. Ein Pluspunkt von hellen Oberflächen: Sie reflektieren die Sonnenstrahlen und sorgen gerade in den heißen Sommermonaten dafür, dass sich die meist dunkle Erde und die Pflanzenwurzeln darunter nicht so stark aufheizen.

GUT EINGEPACKT

Eine Mulchmatte liegt im Winter wie eine isolierende Decke auf der Erdoberfläche und verhindert, dass sich der Topf bei Sonneneinstrahlung schnell aufheizt oder nachts stark auskühlt. Sie müssen also keine Sorge haben, dass Ihre Mehrjährigen nicht gut über den Winter kommen und Sie im nächsten Frühjahr komplett neu mit Ihrem Naschbalkon beginnen müssen. Ein Mulchvlies wissen auch Balkongärtner, die schon früh in die neue Saison starten wollen, zu schätzen: Bereits im März kann man unter dieser schützenden Schicht Radieschen oder Spinat anbauen, die Kälte kann ihnen weniger anhaben.

Ein Mulchvlies um den Topf und auf der Erde schützt Mehrjährige vor Kälte und Frost.

GUT AUFGEHOBEN – IM PASSENDEN GEFÄSS

Ton, Holz, Metall oder Fiberglas – rund, eckig, hoch oder lang – blau, grau oder pink? Ehe Sie sich in den Gefäße-Dschungel stürzen, sollten Sie die unterschiedlichen Vorlieben Ihrer zukünftigen Balkonbewohner studieren.

Pflanzen können nicht einfach umziehen. Wenn ihnen ihre Behausung nicht zusagt, sie sind auf die Auswahl ihres Balkongärtners angewiesen. Mit dem richtigen Topf werden Sie und Ihre Balkonpflanzen happy!

Große Pflanzgefäße bieten viel Platz für Erde, die Wurzeln haben gute Entfaltungsmöglichkeiten. Große Töpfe bedeuten aber auch eine Zeitersparnis beim Gießen und Düngen! Gerade wer reichlich ernten möchte, ist gut damit beraten, große Gefäße zu wählen. Fehlendes Erdvolumen kann man durch mehr Düngen nicht einfach so ausgleichen. Doch wer fühlt sich in welcher Behausung am wohlsten? Kleinere Gefäße, etwa den Balkonkasten, können Sie für Schwach- bis Mittelzehrer wie Asia-Salate (siehe Seite 85) nutzen, ein Apfelbäumchen braucht dagegen unbedingt einen Behälter, der 30 bis 40 Liter Erde fassen kann, damit sich die Wurzeln gut entwickeln. Fruchtgemüsearten wie Tomaten oder Paprika brauchen ein Volumen von mindestens zehn bis zwölf, gerne auch 15 Liter Erde. Am besten schon beim Kauf der Pflanzen nachfragen.

Kunststoffgefäße punkten auf dem Naschbalkon mit bunten Farben und geringem Eigengewicht.

WAS PFLICHT IST

Egal für welchen Pflanzbehälter Sie sich entscheiden: Ein Must-Have ist das Abzugsloch. Dadurch kann überschüssiges Wasser abfließen. Fehlt es, kommt es zu Staunässe, die Wurzeln sind über längere Zeit nass und fangen an zu faulen. Das muss auf jeden Fall vermieden werden! Die meisten Gefäße haben bereits ein Abzugsloch, ansonsten einfach mit der Bohrmaschine Hand anlegen und kleine Löcher in den

Boden bohren. Damit diese nicht verstopfen, wird ein Dränagebeutel darüber gelegt. Das sind im Handel erhältliche Säckchen, in die Blähton gefüllt ist. Der Stoff verhindert, dass der Blähton sich mit der Erde mischt und die Löcher verstopfen. Eine gute Lösung können auch Behälter mit Wasserreservoir sein (siehe Seite 18).

DIE MATERIALFRAGE

Wer unter die bequemen Balkongärtner gehen möchte, sollte auch das Material des Gefäßes berücksichtigen. Ziegelmauern, Eisenblech oder doch lieber Leichtbauweise? Tontöpfe verdunsten durch ihre poröse Oberfläche sehr viel Wasser und sind extrem schwer, Metall heizt sich stark auf. Für ein entspanntes Balkongärtnern sind Kunststoffgefäße die schlauste Variante. Durch ihr niedriges Gewicht lassen sie sich leicht transportieren und beanspruchen die Traglast des Balkons nicht unnötig, sie lassen kein Wasser nach außen entweichen und sind meist witterungsbeständig. Kunststoffgefäße sind in allen Preisklassen und Designs erhältlich. Qualität und Nachhaltigkeit ist auch mit Kunststoff möglich: Es gibt Behälter, die aus recycelten Materialien gemacht und außerdem UV-beständig sind.

FORMEN UND FARBEN

Für den Balkongarten bietet sich vor allem die Verwendung von rechteckigen und quadratischen Gefäßen gut an. Diese lassen sich platzsparend in die meist rechtwinkligen Ecken des Balkons arrangieren und nutzen den Raum optimal aus. Außerdem bieten sie eine verhältnismäßig große Pflanzfläche, haben einen sicheren, breiten Fuß und trotzen damit den Windböen. Ein sehr hohes und noch dazu rundes Gefäß – etwa in Amphorenform – sieht zwar hübsch aus, kann aber wesentlich leichter umkippen und bie-

Tragetaschen aus Kunststoff lassen sich im Handumdrehen in Pflanzkübel umfunktionieren.

tet viel weniger Platz für den Anbau von Naschpflanzen. Kombinieren Sie verschiedene Formen und Formate miteinander, das macht es optisch gleich viel spannender.

Farben bringen nicht nur die vielen Pflanzen und bunten Früchte auf dem Balkon. Mit den Gefäßen lassen sich knallige Hingucker kreieren, und Ihr Naschbalkon bekommt einen ganz eigenen Look. Für ein harmonisches Bild kann man ähnliche Farben für Sitzkissen, Accessoires und Töpfe suchen, günstige Gefäße kann man auch selbst mit wenigen Pinselstrichen verschönern. Nur von sehr dunklen Gefäßen sollten Sie die Finger lassen: Sie heizen sich besonders an heißen Sommertagen stark auf und machen den Pflanzenwurzeln das Leben vollkommen unerträglich. Von Ernte kann dann keine Rede mehr sein!

SAFETY FIRST

Bevor Sie Gefäße und Balkonkästen aufstellen, sollten Sie zur Sicherheit einen Blick in Ihren Mietvertrag werfen. Dort finden Sie bestimmt Infos zur Aufhängung der Balkonkästen. Diese dürfen nämlich oft nur auf der Innenseite der Brüstung befestigt werden. Hängen sie nach außen, muss auf jeden Fall eine sichere Aufhängung vorhanden sein. Fragen Sie unbedingt Ihren Vermieter oder einen Fachmann, wie viel Gewicht Ihr Balkon aushält. Die Traglast der Accessoires sollte nicht unterschätzt werden, denn schnell hat man mit ein paar Kübeln, Möbeln und Balkonkästen mehr Gewicht erreicht, als man denkt.

KREATIV UNTERGEBRACHT

Balkonkästen und Kübel sind das Eine, doch es gibt noch ganz andere Unterkünfte für Ihre Balkonbewohner! Schauen Sie einfach mal im Keller oder auf dem Dachboden nach: Aus einem Wäschekorb, einer Plastikbox oder einer großen stabilen Einkaufstüte können Sie sich im Nu ein Beet zaubern. Auch Reissäcke, die Sie im Asia-Laden auf Nachfrage meist geschenkt bekommen, dienen als günstiges und unkompliziertes Pflanzgefäß. Bei den Gefäßen, die nicht wasserdurchlässig sind, die Abflusslöcher (siehe Seite 28) nicht vergessen! Für eine bepflanzte Einkaufstasche findet sich neben Ihrer Sitzgelegenheit bestimmt ein Platz. Von dort wandern die frischen Kräuter direkt aufs Butterbrot. Da diese ungewöhnlichen Gefäße nicht ewig halten, sind sie ideal, um sich an den Anbau von Essbarem heranzutasten, ohne groß zu investieren.

IN DEN SACK GESTECKT

Wer es noch bequemer haben möchte, für den tut es auch ein großer, 40 bis 70 Liter fassender Erdsack als Pflanzbehälter! Die Pflanzen haben darin reichlich Nährstoffe und genug Platz für ihre Wurzeln. Ideal für Starkzehrer! Noch dazu kommt durch das Gärtnern im Sack kein zusätzliches Gewicht durch Gefäße auf Ihren Balkon. Wer den Substratsack optisch ein wenig aufpeppen möchte, kann ihn mit einem Jutestoff umwickeln. Danach mit einer Schere drei Löcher in den Sack schneiden und die Jungpflanzen hineinsetzen – beispielsweise zwei Buschtomaten- und eine Gurkenpflanze (siehe Seite 71). Der Sack lässt sich auch als Mini-Beet für andere Naschpflanzen nutzen. Dafür den Erdsack auf die längere Seite legen und oben aufschneiden. Schon ist das Beet fertig, das Platz für Mangold, Salat und vieles mehr bietet. Das Praktische an dieser Lösung: Ist die Balkonsaison vorbei, kann der Sack in der Biotonne ausgeleert werden und das Thema »winterfest machen« hat sich erledigt.
Wer es ein wenig komfortabler mag, kann den Erdsack problemlos in ein vorgefertigtes System integrieren. Der »Growbag Frame« besitzt serienmäßig Rankhilfen, der Erdsack lässt sich unter einer hübschen und vor allem wetterbeständigen Baumwollplane verstecken. Dank der integrierten

---

MEIN RELAX-TIPP

Auch ein Kunststoff-Kübel kann nach dem Bepflanzen richtig schwer sein. Wer diesen vorher auf ein Rollbrett stellt, kann problemlos die Position der Pflanzen verändern und sie beiseiteschieben. Das schont den Rücken und die Nerven!

Drei bis fünf Löcher in den Sack geschnitten, Jungpflanzen setzen und abwarten. Über ein unbepflanztes Loch wird die Erde im Sack mithilfe eines Trichters gegossen. Der Düngevorrat reicht für sechs bis acht Wochen.

Rankhilfen kann man sich aus Feuerbohnen, Kapuzinerkresse oder Tomaten in wenigen Wochen einen essbaren Sichtschutz heranziehen.

ALLES IM KASTEN

Balkonkästen müssen nicht zwingend braun, weiß oder terrakottafarben sein. Auch bezüglich der Formen haben sich die Hersteller einiges einfallen lassen. Beispielsweise gibt es Balkonkästen, die wie ein Reiter auf dem Geländer sitzen. Manche Töpfe sind supermodern gestylt, andere strahlen im idyllischen Landhausstil. Gut für Sie, denn so können Sie mit nur wenigen Elementen das Erscheinungsbild ihres Balkons ganz einfach beeinflussen. Da die Kästen meist nicht sehr tief sind und nur ein geringes Erdvolumen fassen, fühlen sich in ihnen vor allem mediterrane Kräuter oder Radieschen wohl. Diese Naschbalkonvertreter gehören zu den Schwach- und Mittelzehrern und sind außerdem nicht mit einem ausgedehnten Wurzelwerk ausgestattet.

HÖHENLUFT SCHNUPPERN

Erdbeeren oder gar Gemüse können Sie auch in Ampeln wachsen lassen. Achten Sie beim Kauf darauf, dass die Ampeln einen integrierten Untersetzer haben, damit es beim Gießen nicht zu Überflutungen kommt. Auch hängende Tomaten oder die Mexikanische Mini-Gurke passen gut in eine Ampel. Anstatt in luftige Höhen zu klettern, lassen sie ihre Triebe auch gern nach unten hängen und sind entsprechend leicht zu beernten.

BESTENS AUFGESTELLT: AMPEL, KASTEN & CO.

Damit möglichst viel Naschbares ein Zuhause findet und alle Wünsche erfüllt werden, wird auf allen Ebenen angebaut. Vergessen Sie auch sich selbst nicht! Schließlich sollte jeder Balkonbewohner das Beste für sich rausholen ...

Bevor es ans Eingemachte geht, ist es sinnvoll, die Gesamtfläche des Balkons einmal genau auszumessen und sich eine kleine Skizze der Gegebenheiten zu machen. So lässt sich im Vorfeld viel besser abschätzen, was und wer überhaupt auf den Balkon darf. Und vor allem, wie viele Gefäße überhaupt Platz finden. Notieren Sie auch, wo Befestigungsmöglichkeiten für Rankgitter, Sichtschutzelemente und Ähnliches vorhanden sind. Sie werden sehen: Im Gartencenter werden Sie sich nur noch diffus an solche Einzelheiten erinnern. Im Internet gibt es kostenlose Planungstools, die Ihnen die Einrichtung erleichtern (siehe Seite 123). In die Pläne können Sie auch gleich die vorhandenen Gartenmöbel und den Grill mit einzeichnen. Auf dem Computerbildschirm lässt sich alles viel bequemer verrücken als später auf dem Balkon selbst. Es reicht, wenn Sie das nur einmal in Angriff nehmen müssen!

IN ALLE RICHTUNGEN

So viel ist schon mal klar, nicht nur der Balkonboden oder das Geländer bieten Möglichkeiten, um Gefäße zu stellen oder zu befestigen. Zusätzlichen Raum gewinnt man durch Regale, Treppen und Hochbeete, die Pflanzen können dadurch außerdem ins Licht gerückt werden. Achten Sie darauf, dass Sie sich zwischen den Möbeln ungezwungen bewegen können. Gerade im Dunkeln soll der Weg ja nicht zur Stolperfalle werden. Falls Sie einen Balkon über sich haben, hat der auch eine Decke zu bieten, an der sich Haken für Ampeln festmachen lassen. Dafür brauchen Sie allerdings die Genehmigung des Vermieters.

Vermessen Sie Ihren Balkon vor dem Einkauf. Dann können Sie einfacher und besser planen.

Dieses originelle Hochbeet verhilft den Pflanzen zu optimalem Lichtgenuss in der Vertikalen.

Denken Sie immer praktisch: Zu hohe Aufhängungen von Blumenampeln sind nicht sinnvoll, denn dann müssen Sie jedesmal die Leiter zum Gießen holen. Und solche Manöver sollte man auf dem Balkon tunlichst unterlassen.

DIE VERTIKALE NUTZEN

Die Hauswand ist grau und trist? Das muss nicht sein! Mit Feuerbohnen oder hohen Erbsen lässt sie sich in eine essbare grüne Wand verwandeln. Dazu braucht es nicht mehr als ein Rankgitter oder aber ein paar lange Bambusstäbe. Diese tief in den Topf stecken und dann an der Wand anlehnen. So sparen Sie sich das Nachfragen beim Vermieter und natürlich das Heimwerken. Aber nicht nur an der Hauswand wird berankt, was das Zeug hält. An Stahlträgern oder Dachrinnen, die am Balkon entlangführen, können ebenfalls Gefäße für Naschpflanzen angebracht werden. Vielleicht gibt es auch einen Sichtschutz zum Nachbarn, der noch recht trist aussieht? Auch dieser eignet sich wunderbar zum Beranken. Dazu einfach einen Topf an der passenden Stelle davor platzieren, und schon suchen sich die Kletterpflanzen ihren Weg nach oben.

ORDNUNG IM TOPF

Auch in den Pflanzgefäßen selbst kann man auf verschiedenen Ebenen gärtnern. Egal ob Topf, Balkonkasten oder großer Kübel – diese Tipps gelten für alle gleichermaßen, wenn der Platz optimal genutzt werden soll:
- Hochwachsende, aufrechte Pflanzen wie Tomaten stellen das Gerüst der Bepflanzung dar. Sie gehören in den hinteren Teil des Kastens.
- Etwas niedrigere Pflanzen wie Basilikum werden davor oder dazwischen platziert.
- Hängende Pflanzen wie Kapuzinerkresse kommen im Vordergrund am besten zur Geltung.

MEIN RELAX-TIPP

Achten Sie darauf, dass die Naschpflanzen in Ihrer Topf- oder Kasten-WG von den Ansprüchen her gut zusammenpassen und beispielsweise dieselben Vorlieben an Wasser- und Nährstoffversorgung sowie Lichtbedürfnis haben.

ESSENTIALS FÜR BALKONGÄRTNER

Keine Sorge, Balkongärtner benötigen nicht viele Gerätschaften. Das meiste Werkzeug findet sich ohnehin im Haushalt oder lässt sich problemlos und günstig im Internet oder Gartencenter besorgen.

Rasenmäher? Häcksler? Alles völlig überflüssig auf dem Balkon. Zum Lockern der Erde kann man auch problemlos eine ausrangierte Küchengabel verwenden, fürs Pikieren der Sämlinge kommt ein Essstäbchen zu neuen Ehren. Wer es ein wenig komfortabler haben möchte, für den sind ein paar Werkzeuge von Vorteil. Und mal ehrlich, das Auge gärtnert schließlich mit: Langwieriges Fingernägelschrubben kann man sich mit ein paar schicken Handschuhen ersparen. Das Wässern lässt sich mit einer richtigen Gießkanne, die ordentlich Wasser fasst, viel schneller erledigen als mit einer Literflasche.

Daneben gibt es eine weitere Grundausstattung für Balkongärtner, für die man nicht besonders tief in die Tasche greifen muss, die aber das Leben sehr viel angenehmer macht. Achten Sie beim Kauf deshalb auf ein sinnvolles Preis-Leistungs-Verhältnis. Wer an der falschen Stelle spart, macht sich keine Freude. Die Schaufel verbiegt sich und die Gießkanne rostet in kürzester Zeit? So was geht gewaltig auf die Nerven und bedeutet einen weiteren Gang ins Gartencenter – dann lieber gleich zu Qualität greifen.

KEINE KOMPROMISSE

Das einzige Gerät, bei dem Sie keine Zugeständnisse eingehen sollten, ist eine Gartenschere. Gut, Schnittlauch und Petersilie lassen sich mit einer normalen Haushaltsschere abschnibbeln, wenn aber Beeren oder Obstgehölze in Form gebracht werden sollen, dann ist schon »richtiges« Werkzeug angesagt, also eine Schere, die mit scharfen Klingen für klare Schnitte sorgt, Schnitte, die hinterher leicht verheilen und keine Eintrittsstelle für Pilzkrankheiten schaffen.

MEIN RELAX-TIPP

Sie müssen ja nicht gleich alles auf einmal anschaffen! Schauen Sie erst mal, welche Gerätschaften Sie öfter benötigen, und kaufen Sie erst dann die entsprechenden Werkzeuge. Vorher tut's auch der zweckentfremdete Ersatz aus dem Küchenschrank.

Mehr brauchen Sie nicht: Handfeger, Ballbrause, Blumendraht und Bindeschnur, Handschaufel mit runder Kelle (da fällt die Erde nicht an der Seite herab), Gartenschere, Handschuhe und eine große Gießkanne.

DAS GEHÖRT ZUR GRUNDAUSSTATTUNG

Hier einige Tipps, die Ihnen Auswahl und Kauf vielleicht ein wenig leichter machen:
- Die Gießkanne sollte nicht zu klein sein, andernfalls können die Gänge zum Wasserhahn so richtig lästig werden. Wer »über Kopf« seine Ampeln wässern will, sollte warten, bis die Kanne halb leer ist, dann geht's unkomplizierter.
- Zum Ernten und Pflegen ist eine gute Schere Pflicht. Wählen Sie ein Schneidwerkzeug aus, das Ihnen gut in der Hand liegt. Bewährt haben sich Bypass-Scheren, bei denen die Klingen aneinander vorbeigleiten.
- Sinnvoll ist eine gerundete Handschaufel mit nach oben gekrümmten Kanten, um die Töpfe mit Erde zu befüllen.
- Als Bindematerial – etwa zum Fixieren am Balkongeländer oder am Rankgitter – eignen sich Bindeschnur oder gummierter Draht. Gummiert, weil Einschnürungen an den Pflanzen auf jeden Fall vermieden werden sollten.
- Ist beim Wässern der Sämlinge Fingerspitzengefühl gefragt oder wollen Sie Ihren Naschpflanzen mal eine kleine Abkühlung in der Sommerhitze gönnen, weil die Luft staubtrocken ist? Dann ist eine Ballbrause genau das Richtige. Ideal auch, um nach dem Säen die Erde anzufeuchten, ohne dass die federleichten Samen gleich weggeschwemmt werden.
- Alles gut im Griff haben Sie mit den passenden Gartenhandschuhen. Sie sollten aus einem Material bestehen, das Ihnen ein gutes Einfühlungsvermögen beim Garteln gibt.

CLEVER AUSGERÜSTET

Gerätschaften, die das Balkongärtnern enorm erleichtern!

Eine alte Einkaufstüte wird auseinandergeschnitten und zur schützenden Plane umfunktioniert.

GUT VERSTAUT

Wohin nur mit der kleinen Schaufel, mit dem angebrochenen Erdsack und der Plastikplane? Wer es sich ersparen will, jedes Mal im ganzen Haus seine Gerätschaften zusammenzusuchen, der sorgt für Stauraum direkt auf dem Naschbalkon. So haben Sie immer alles griffbereit.

Wie wäre es mit einer Sitzbank, in der man gleichzeitig seine Gerätschaften unterbringen kann? Wer dafür keinen Platz hat, kann auch eine dekorative Holzkiste besorgen. Auf dieser können ein paar Töpfe platziert werden, und die Pflanzen passen in der Zwischenzeit auf Ihre Habseligkeiten auf.

SAUBER BLEIBEN

Beim Pflanzen und Säen geht im Eifer des Gefechts schnell mal eine Schaufel Erde daneben. Damit Sie ganz entspannt pflanzen können und nachher keinen Reinigungstrupp auf den Balkon schicken müssen – und auch der Nachbar auf dem unter Ihnen liegenden Balkon oder die Passanten auf der Straße unbeschadet davonkommen – ist eine Plastikplane als Unterlage ziemlich hilfreich. Nach der Pflanzaktion kippt man die Erdreste und Pflanzenschnipsel einfach zusammen und schüttelt die Plane aus. Wer gerade keine Plane zur Hand hat, kann sich auch mit etwas dickeren Müllsäcken behelfen. Praktisch ist so eine Plane übrigens auch, wenn das Auto bei der Fahrt vom Gartencenter nach Hause sauber bleiben soll!

All die Utensilien, die man gerade nicht benötigt, werden am besten in Kisten direkt vor Ort verstaut.

XXL-Gießkannen mit einem Volumen von zehn Liter oder mehr ersparen mühsames Wasserschleppen.

EINFACH EINSAUGEN

Nicht nur beim Einpflanzen der Naschpflanzen fällt immer mal wieder ein wenig Erde neben die Plane und landet auf dem Balkonboden. Dort sammeln sich mit der Zeit auch immer mehr welke Blüten, es kann gut sein, dass auch ein paar Vögel auf der Suche nach Nistmaterial das Stroh aus den Erdbeeren zupfen. Um schnell für Ordnung und ein sauberes Ambiente zu sorgen, kommt nun am besten der Staubsauger zum Einsatz. Mit dem passenden Aufsatz kommt man auch in die letzte und hinterste Fuge und muss sich nicht unnötig lange mit Besen, Handschaufel oder Fugenkratzer abmühen.

WASSER MARSCH

Schön sehen sie aus, die kleinen bunten Gießkannen. Doch Finger weg, liebe Faule! Mit solchem Spielzeug holen Sie sich mehr Arbeit auf den Naschbalkon als nötig. Eine zwei-Liter-Gießkanne lässt einen im Sommer zu sportlichen Höchstleistungen auflaufen, weil man zwischen Wasserhahn und Balkon unnötig häufig hin und her pendelt. Machen Sie es sich nicht unnötig schwer! Eine große Gießkanne, die zehn Liter fasst, mag vielleicht ein wenig schwerer zu schleppen sein, doch das nimmt man gerne in Kauf, wenn man die vielen Nachfüll-Manöver dadurch möglichst gering halten kann.

Um Ihren Rücken zu schonen, sollten Sie sich für eine Gießkanne mit möglichst geringem Eigengewicht entscheiden. Probieren Sie ruhig schon im Geschäft aus, ob Sie mit dem Ausguss zurechtkommen. Schließlich wollen Sie punktgenau gießen, denn empfindsame Pflanzen wie Tomaten nehmen es ausgesprochen übel, wenn ihre Blätter nass werden. Sie neigen dann zu Pilzbefall oder verbrennen in der Sonne.

Saugen statt fegen. Geht schneller und erspart dem Nachbarn eine Etage tiefer viel Schmutz.

CLEVER AUSGERÜSTET / 37

DIE BASICS FÜR BALKON-FAULTIERE

Das Faulsein will von langer Hand vorbereitet werden – auch wenn es um Naschgärtnern auf dem Balkon geht. Sie können es im Frühling bei milden Temperaturen einfach mal probieren und dann den Sommer zum Chillen nutzen. Überlegen Sie sich gut, wie sich der Naschbalkon am schlausten in Ihren Alltag integrieren lässt.

EINKAUFEN MACHT SPASS

Ob im Internet, auf dem Wochenmarkt oder auf den bunten Verkaufsflächen der Gartencenter: Einkaufen für den Balkon macht ganz viel Spaß. Deshalb besser vorher aufschreiben, was Sie brauchen!

Einkäufe erledigt man heute selbstverständlich ganz bequem und problemlos über das Internet. Natürlich geht das auch bei leckeren Naschpflanzen. Vor allem bei Pflanzgefäßen und Erdsäcken kann das sehr praktisch sein, denn die Schlepperei in die Wohnung und auf den Balkon fällt dann weg. Wer also gar keine Zeit für einen ausgiebigen Bummeln durch die Gärtnerei hat, der kann in der Mittagspause online ordern. Wesentlich mehr Spaß macht es aber schon, sich die Angebote »live« anzusehen und sich noch dazu eine richtige Beratung beim Fachpersonal abzuholen.

PLANUNG IST ALLES

Wer kennt das nicht: Da will man eigentlich nur schnell noch etwas besorgen und am Ende verzettelt man sich komplett und ist erst nach mehreren Stunden und mit Sachen, die man eigentlich gar nicht braucht, wieder zurück. Damit das im Gartencenter nicht so läuft, ist die Planung des Einkaufs das Ein und Alles. Schließlich haben Sie sich, wie im ersten Kapitel beschrieben, schon einige Gedanken zu Ihrer essbaren Outdoor-Oase gemacht. Welche Pflanzen am besten zu Ihnen und Ihrem Naschbalkon passen, finden Sie auf den folgenden Seiten. Daher alles aufschreiben, was später mit nach Hause soll und den Einkaufszettel immer im Blick behalten! Pflanzen gibt es übrigens nicht nur im Gartencenter oder Baumarkt. Ein tolles Angebot und eine ausführliche Beratung bieten vor allem inhabergeführte Gärtnereien oder Gartencenter. Auch auf dem Wochenmarkt werden Jungpflanzen direkt von den Gemüsebauern angeboten.

So sehen glückliche Balkongärtner aus! Frische Kräuter wandern in den Einkaufswagen.

Bevor der Rosmarin auf dem Balkon einzieht, wird er auf die Gesundheit von Blatt und Trieben geprüft! Nur kerngesunde Naschpflanzen bringen den gewünschten Ertrag.

ESSBARE TOPFBEWOHNER

Im Handel gibt es mittlerweile ein großes Angebot an Sorten und Züchtungen, die speziell für Kübel geeignet sind. Diese neuen Sorten kommen beispielsweise mit weniger Erde zurecht als ihre »großen« Geschwister oder bleiben kleiner. Halten Sie bei der Pflanzenauswahl am besten Ausschau nach Bezeichnungen wie »Naschpaprika« oder »Balkontomate«. Keine Sorgen, nur weil die Pflanzen anders wachsen und kleiner sind, heißt das nicht, dass die Ernte deswegen weniger schmackhaft ist oder nur halb so üppig ausfällt. Ganz im Gegenteil!

Wer nach mehrjährigen Sorten greift, muss nur einmal schleppen. Diese Pflanzen haben, wie der Name es sagt, eine Lebenserwartung von mehreren Jahren – vorausgesetzt, es läuft alles rund beim Überwintern (siehe Seite 116). Vielleicht fragen Sie sich jetzt, woher Sie all diese Informationen bekommen. Dazu haben alle Pflanzen ein Etikett im Topf. Werfen Sie beim Einkaufen unbedingt einen Blick darauf und bewahren Sie es sicherheitshalber für später auf. Dort finden sich wichtige Infos zu Standort und Pflege.

Ist alles im Einkaufswagen, steht der Transport noch bevor. Stellen Sie Ihre Pflanzen sicher und stabil in den Kofferraum, sodass nichts umfallen und abknicken kann. Ist es sehr heiß im Auto, erst gut lüften und dann direkt ab nach Hause, sonst bekommen die Pflanzen einen Hitzekoller.

Mein Tipp: Wer entspannt einkaufen möchte, der ist an einem Samstag falsch im Gartencenter. Unter der Woche ist weniger los, und die Mitarbeiter haben genug Zeit für eine Beratung.

ENTSPANNT ZUR ERNTE

So sichern Sie sich schnelles Ernteglück!

Im großen Topf gedeiht diese Zitronenmelisse üppig und kann fortlaufend beerntet werden.

GROSSE TÖPFE

Think Big! Das gilt vor allem dann, wenn man als Gärtner ganz schnell und auch regelmäßig ernten möchte. Anstatt der winzig kleinen Kräutertöpfe, deren Blätter lediglich für die Zubereitung einer Mahlzeit ausreichen oder bei denen man erst noch eine Weile warten muss, bis sie überhaupt beerntet werden können, nehmen Sie besser gleich die wesentlich größeren Kandidaten mit nach Hause. Denen können Sie direkt mit der Kräuterschere auf die Pelle rücken. Die Kräuter freuen sich sogar über eine Ernte und wachsen anschließend wieder gut nach. Ein weiterer Vorteil: Größere Pflanzen vertragen meist die Umstellung auf die neue Umgebung besser – vorausgesetzt, der Verkaufstopf ist ausreichend groß, sonst geht's gleich ans Umtopfen.

DIE MENGE MACHT'S

Wer faul sein will, nimmt gleich mehrere Kräuter derselben Sorten mit auf den Balkon: Mindestens zwei von jedem Kraut, so lautet die Faustregel für den bequemen Gärtner. Mehr Pflanzen machen nämlich nicht unbedingt auch die doppelte Arbeit. Ganz im Gegenteil! Während der eine Kräutertopf abgeerntet wird, darf der Artgenosse entspannen und die Wurzeln hochlegen – bei ihm ist Nachwachsen angesagt. Die Kräuter ruhen sich schließlich auch gerne mal aus, gemeinsam macht das Chillen gleich noch mehr Spaß. Zwei Töpfe geben Ihnen auch die Möglichkeit, verschiedene Standorte auszuloten.

Für laufendes Ernteglück ist gesorgt, wenn Sie Sorten mit unterschiedlicher Reifezeit anbauen.

Diese Erdbeere hat bereits beim Züchter Früchte angesetzt – schnelle Ernte ist dadurch garantiert.

MIT BLÜTE UND FRUCHT

Anstatt sich grüne Winzlinge im absoluten Mini-Stadium zu besorgen, machen Sie sich viel mehr Freude, wenn schon geöffnete Blüten und weitere Blütenansätze an der Naschpflanze zu sehen sind und durch das grüne Blätterkleid spitzen. Sie müssen dann nicht nur weniger lang auf die Ernte warten, sondern können bereits früh im Jahr ein paar Farbtupfer in Form der Blüten auf dem Balkon genießen.

Wer noch ungeduldiger ist, hält Ausschau nach Gemüsepflanzen, die bereits Fruchtstände angesetzt haben oder schon kleine Früchte tragen. Vor allem Chili, Paprika und Tomaten werden mittlerweile häufig so angeboten. Perfekt für Faule, denn so hat man eigentlich nur noch mit dem Genießen der köstlichen Früchtchen zu tun. Ein schlauer Deal: Eine Pflanze, die bereits Früchte trägt, wandert in den Einkaufswagen und eine weitere, die erst zu blühen beginnt. Wozu? So verlängern Sie die Ernte-Saison auf Ihrem Naschbalkon und haben bis weit in den Sommer hinein Schmackhaftes zum Naschen.

EDEL MACHT SINN

Wer auch auf dem Balkon den Ertrag steigern und die Ernte verlängern will, sucht bei Gurken, Tomaten und Paprika veredelte Kultursorten aus. Diese haben den Vorteil, dass sie eine höhere Widerstandskraft sowie breitere Resistenz-Eigenschaften aufweisen als herkömmliche Gemüsesorten. Kurz gesagt: Diese Pflanzen sind weniger empfindlich gegen Krankheiten, Hitze und Kälte, dabei bestechen die Pflanzen durch schnelleres und besseres Wuchsverhalten sowie eine reichere Ernte. Wie das funktioniert? Durch die Kombination einer robusten Unterlagenwurzel mit einer edlen Gemüsesorte.

Veredelte Fruchtgemüsesorten sind zwar teurer, aber auch robuster als herkömmliche Vertreter.

AUFBRUCH INS FRÜHJAHR: DIE FRÜHAUFSTEHER

Frühling – das bedeutet endlich wieder milde Temperaturen und sanfter Sonnenschein. Ideale Anbaubedingungen also für Radieschen, Pflücksalate und Spinat, die sich von etwas Kälte nicht schrecken lassen.

Im Frühjahr lechzt man geradezu nach den ersten frischen Schnittlauchspitzen oder Salatblättern. Nie ist die Motivation höher, es deshalb daheim auf dem Naschbalkon mit dem Anbau zu probieren. Nutzen Sie diese unbändige Lust auf frisches Grün! Die Frühaufsteher unter den Einjährigen sind ideal für Leute, die das Balkongärtnern einfach mal über ein paar Wochen versuchen wollen. Radieschen, Pflücksalate, Spinat oder Asia-Salate haben nämlich den Vorteil, dass man sie früh im Jahr aussäen bzw. pflanzen kann und dass sie in wenigen Wochen erntereif sind. Große Ansprüche an die Erde haben alle vorgestellten frühen Balkon-Gemüsearten nicht, sie müssen nicht mal gedüngt werden. Lediglich auf Wassermangel reagieren sie sauer. Aber noch ist es ja Frühling und deshalb nicht so heiß, der Gießaufwand hält sich also in Grenzen. Spezielle Gefäße braucht man ebenfalls nicht anzuschaffen, sie kommen bestens mit dem Wuchsraum klar, den ihnen ein Balkonkasten bietet. Ab März können die grünen Powerpflanzen nach draußen.

PFLANZEN ODER SÄEN, ...

... das ist oft die Frage. Gehen Sie's von der praktischen Seite an: Radieschen lassen sich nur aus Samen heranziehen, da gibt es keine Jungpflanzen zu kaufen. Beim Säen muss man auf den richtigen Abstand achten, damit sich schöne runde Kugeln bilden können. Wo die Jungpflanzen zu dicht stehen, sollte man »nachjustieren«: Man zupft einfach im größten Getümmel die schwächsten Pflänzchen aus. Auch dieser »Ausschuss« lässt sich wunderbar verwenden: Die

Besonders im Frühjahr und Herbst kann man problemlos knackige Radieschen heranziehen.

Als Jungpflanze gekaufter Pflücksalat ist einige Wochen früher reif als aus Samen gezogener.

zarten Triebe kommen auf ein Butterbrot oder in den Smoothie. Noch unkomplizierter ist es bei zu dicht gesätem Pflücksalat oder Spinat: Die zarten Blätter kann man – von außen beginnend! – einzeln abzupfen. Ideal für den Ein-Personen-Haushalt! Wer nicht Zeit mit Ausdünnen verbringen will, verwendet von vornherein Samenbänder, bei denen der richtige Pflanzabstand bereits vorgegeben ist (siehe Seite 47).

Wer keine Lust zum Säen hat, setzt auf kräftige Jungpflanzen. Die kommen einfach in die vorbereiteten Gefäße, wobei Folgendes zu beachten ist: Der Salat »muss flattern«, d.h., seine Blätter dürfen nicht den Boden berühren. Sonst beginnen sie nämlich oft zu faulen. Junge Salatpflanzen werden deshalb nur etwa bis zur Hälfte ihres Anzuchttopfes in der Erde versenkt.

WAS KOMMT DANACH

Eigentlich schade, wie schnell die erste Ernte vertilgt ist! Nach rund sechs Wochen stellt sich nun die Frage: nachsäen bzw. nachpflanzen oder doch lieber erst eine Pause einlegen? Wer am Naschbalkon Spaß gefunden hat, hat wahrscheinlich bereits die ersten entstandenen Lücken ausgenutzt und für grünen Nachschub gesorgt. So ist eine kontinuierliche Ernte gesichert. Steht ein Urlaub an, wartet man am besten bis zur Rückkehr mit dem erneuten Anbau ab. Wenig sinnvoll ist es, die Frühaufsteher länger im Beet stehen zu lassen. Haben etwa die Radieschen ihre Endgröße erreicht, sollte man sie rasch essen, sie schmecken sonst pelzig oder holzig. Auch Frühspinat fängt mit steigenden Temperaturen an zu schießen und wird dann bitter. Nach dem Urlaub können Sie es ab Mai dann auch mit Fruchtgemüsen wie Tomaten (siehe Seite 48) versuchen, die später im Jahr Früchte tragen. Wer jetzt den Balkon ganz für sich haben möchte, stellt einfach Sonnenschirm, Grill und Sitzgarnitur auf und freut sich auf einen heißen Sommer mit viel Faulenzen.

MEIN RELAX-TIPP

Wer keine Lust hat, ständig das Thermometer im Auge zu behalten und dann im Falle des Falles die Frühaufsteher vor Frost zu schützen, breitet von Anfang an Vlies über die Töpfe. Das Material ist luft- und wasserdurchlässig und isoliert bis −5 °C.

VOM SAMENKORN ZUR ERSTEN ERNTE

In vier Steps zum Schlaraffenland-Balkon!

Falls es Sie bereits im März und April in den Fingern juckt und Sie endlich ausprobieren möchten, wie das mit dem Naschgärtnern klappt, können Sie nun zum Samentütchen greifen. Schließlich warten Radieschen und Co. sehnlichst darauf, endlich sprießen zu dürfen. Auch während des Jahres kann man so immer wieder schnell und unkompliziert für neue Pflänzchen sorgen und entstehende Lücken in den Kästen und Kübeln füllen. Behalten Sie nur im Hinterkopf, dass es frühe und späte Sorten gibt. Soll heißen: Frühsorten, die jetzt ins Beet sollten, vertragen niedrige Temperaturen. Für den Anbau im Sommer wählt man dann andere Sorten aus, die hitzeverträglicher sind.

Viel braucht es gar nicht, um aus einem Samenkorn eine erste kleine Nascherste zu kultivieren. Hier darf nämlich improvisiert werden: Als Gefäße können Sie leere Plastikschalen vom letzten Gemüseeinkauf verwenden und als Wassersprüher leistet ein leeres Pumpspray aus dem Badezimmer gute Dienste. Bei der Erde ist dann allerdings unbedingt Anzuchterde (siehe Seite 14–15) gefragt. Eine normale Blumenerde enthält für den Start der Winzlinge viel zu viel Dünger, und die Wurzeln können mit der Power zu Beginn noch nicht umgehen.

Egal, ob Sie sich für die Anzucht mit einzelnen Samenkörnern oder aber mit der Variante eines Saatbands entscheiden: Die Steps sind alle gleich. Allerdings ist ein Saatband noch ein kleines bisschen unkomplizierter, denn das Pikieren (darunter versteht man das Vereinzeln der Jungpflanzen) fällt damit komplett weg. Daher ist ein Saatband die beste Variante für faule Naschgärtner. Werfen Sie vor dem Loslegen doch mal einen Blick auf die Saatgut-Packung. Dort finden Sie hilfreiche Infos dazu, wie lange die Samen zum Keimen brauchen und ob es sonst noch etwas zu beachten gilt.

DAS BRAUCHEN SIE:

- AUSSAATGEFÄSS
- AUSSAATERDE
- SAMENPÄCKCHEN ODER SAATBAND
- BALLBRAUSE

BEI BEDARF:
- HANDSCHUHE
- HANDSCHAUFEL
- KLEINES HOLZBRETT
- KLARSICHTFOLIE

1 Füllen Sie das Gefäß mit Anzuchterde. Diese ist feinkörnig und nährstoffarm, damit sich die Wurzeln gut entwickeln können. Nicht über die weißen Körner wundern: Sie dienen der Durchlüftung der Erde.

2 Verteilen Sie die Anzuchterde anschließend gleichmäßig im Gefäß. Klopfen Sie das Substrat etwas fest, damit die Erde nach dem ersten Gießen nicht zu sehr in sich zusammensackt.

3 Legen Sie die Saatbänder in angegebenem Abstand auf die Erdoberfläche. Anschließend kommt eine dünne Schicht Anzuchterde über die Samen – wie dick sie sein soll, variiert je nach Art und steht in der Regel auf der Samenpackung.

4 Da mit einer Gießkanne die Erde weggeschwemmt würde, sorgt man behutsam mit einer Ballbrause für Feuchtigkeit. Damit die Erde nicht austrocknet, eventuell eine Klarsichtfolie über das Gefäß stülpen. Ab und zu lüften, und wenn sich die ersten Blättchen zeigen, die Folie entfernen.

START IN DEN SOMMER: DIE SONNENANBETER

Ab Mitte Mai kann man guten Gewissens den Liegestuhl auf den Balkon stellen. Leckere Tomaten, knackige Gurken und feurige Chilis kommen gleich mit und verwandeln die Fläche in eine Naschoase.

War im Frühling nicht genug Zeit für den Salatanbau? Oder wollen Sie nach ersten Erfolgen die angenehmen Temperaturen für neue Experimente nutzen? Dann ist es jetzt Zeit für die Wärmeliebenden unter den Einjährigen! Voraussetzung ist, dass es einen sonnigen Platz für diese Kandidaten gibt, denn Fruchtgemüse wie Mini-Gurken, Chili oder Tomaten sind zwingend auf Wärme angewiesen, wenn es was zu ernten geben soll. Erst nach den »Eisheiligen« – das ist ein Stichtag Mitte Mai – dürfen sie auf den Balkon. Danach droht in der Regel kein Nachtfrost mehr. Ist tatsächlich doch nochmal eine kalte Nacht angesagt, sollten die Pflanzen mit Vlies abgedeckt und an die schützende Hauswand gerückt oder ins Hausinnere geholt werden.

AN DER RICHTIGEN QUELLE

Ab Mitte Mai können Sie wärmeliebende Jungpflanzen auch im Gartencenter oder auf dem Wochenmarkt kaufen. Vorher macht es keinen Sinn. Fragen Sie beim Verkäufer nach Balkonsorten oder achten Sie auf Bezeichnungen wie »Naschgemüse« oder »Minis« – einfach alles, was darauf hindeutet, dass es sich um kleinere Sorten handelt, die mit einem Topf gut zurechtkommen. Einige Mini-Tomaten begnügen sich mit 5-Liter-Gefäßen, andere gedeihen problemlos in Balkonkästen oder Hanging Baskets, ähnlich sieht es bei Paprika oder Chili aus, bei denen es ebenfalls groß- und kleinwüchsige Sorten gibt. Wer über einen längeren Zeitraum ernten will, wählt mehrere Sorten aus, die zu unterschiedlichen Zeiten erntereif sind.

Für die nährstoffliebenden Zucchini darf es gerne ein besonders großer Pflanzkübel sein.

Egal für welche Sorte Sie sich bei den Fruchtgemüsen entscheiden: Alle brauchen eine nährstoffreiche Erde. Ist die »Nahrung« aufgebraucht, muss nachgedüngt werden. Meist ist auf dem Substratsack vermerkt, wann erste Düngegaben erforderlich sind. Wie viel die einzelnen Arten brauchen, darauf wird bei den Naschpflanzenporträts im dritten Kapitel eingegangen. Tüchtig gießen sollte man die Pflanzen vor allem zu Anfang nach dem Einpflanzen. Bei Tomaten und Gurken am besten nur auf die Erde, nie über die Blätter, damit die Pflanzen von Krankheiten verschont bleiben! Ganz unkompliziert sind Paprika, bei denen man sich hinsichtlich Pilzen wenig Gedanken machen muss.

GEDULD IST GEFRAGT

Anders als bei den Frühaufstehern braucht man für die Sonnenanbeter ein wenig Geduld, denn zwischen dem Auspflanzen und der ersten Ernte können gut und gerne mal zwei Monate liegen. Am schnellsten entwickeln sich die kleinen Cocktailtomaten, bei den großen Fleischtomaten muss man schon länger warten. Aber die sind sowieso für den Balkon nicht zu empfehlen. Außer Gießen – und immer wieder Düngen – ist in dieser Zeit nicht viel zu tun, netterweise zeigen die Sonnenanbeter meist durch herabhängende Blätter an, wenn Wassernachschub dringend angesagt ist. Bei Stabtomaten werden alle Seitentriebe, die in den Blattachseln am Haupttrieb erscheinen, ausgeknipst, »ausgegeizt«, wie der Profi sagt. Macht man das nicht, bildet die Pflanze viele Seitentriebe, aber keine Blüten und Früchte. Bei allen Tomaten sollten Sie ab Ende September alle Blüten ausknipsen, denn deren Früchte reifen ohnehin nicht mehr aus.
Sobald das letzte Mal geerntet wurde und die Tage wieder kürzer und die Nächte kälter werden, geht es für die Sonnenanbeter samt der

Reife Gurken mit einer Schere abtrennen. Abreißen würde die empfindlichen Triebe schädigen.

Erde ab in die Biotonne. Den Winter können Sie dann nutzen, um sich Gedanken über die kommende Saison zu machen und welche Sorten es dann auf Ihren Balkon schaffen.

GUTE NACHBARSCHAFT

Wie im echten Leben kann es auch bei den Pflanzen zu ein paar Konflikten kommen, wenn mehrere Balkonbewohner in einem Kasten hocken. Nicht alle vertragen sich nämlich gut miteinander. Gurke und Tomate sind beispielsweise schlechte Nachbarn, prächtig versteht sich die Tomate dagegen mit Basilikum – die beiden sind später auch im Salat ein tolles Team! Mehr zu Kombinationsmöglichkeiten finden Sie in den Pflanzenportraits im dritten Kapitel.

NACHHALTIGER KRÄUTERTRAUM

Dieser Duft! Mit Lavendel, Thymian und Minze wird der Balkon zum Wellness-Tempel. Die mehrjährigen Kräuter sorgen jedes Jahr zuverlässig für ein entspanntes Urlaubsfeeling auf Ihrem Balkon.

Viele mediterrane Kräuter wie Thymian, Rosmarin, Lavendel und Salbei sind treue Gefährten, die nicht nur eine Balkonsaison mit einem verbringen, sondern einem über viele Jahre grüne Gesellschaft leisten. Bei passenden Standortbedingungen und wirklich minimaler Pflege werden die Kräuter dann in wenigen Wochen zu herrlichen Duftoasen heranwachsen.
Für den Start Ihres ultimativen Kräuterbalkons brauchen Sie nicht viel, denn die mediterranen Kräuter sind sehr genügsam, was Erde, Wasser und Dünger angeht. Ihnen ist vor allem ein sonniger Balkon wichtig, denn diese Pflanzen sind nun mal an mediterrane Gefilde gewöhnt und laufen nur zu duftenden Höchstleistungen auf, wenn sie sich ausgiebig in der Sonne räkeln dürfen. Ein Südbalkon sollte es also schon sein!

KLOTZEN STATT KLECKERN

Verschwenden Sie keine Zeit mit Aussäen! Kaufen Sie sich lieber schon kräftige Kräuterstöcke, die von Anfang an Ihren Balkon verschönern. Schauen Sie sich einfach um im Gartencenter: Da gibt es mittlerweile eine große Auswahl an unterschiedlichen Größen und Sorten. Wer experimentierfreudig ist, kann es statt der Standardkräuter auch mal mit einem hängenden Rosmarin oder einem Zitronen-Thymian ausprobieren.
Gleich mit in den Einkaufswagen sollte ein Sack mit Kräutererde wandern. Viele Balkonbewohner, die aus dem Mittelmeerraum stammen, stehen nämlich nicht auf üppig aufgedüngte Erden. Sie mögen es eher spartanisch karg. Das gilt übrigens auch beim Gießen. Sie wollen es lieber trockener im Topf und verkraften Staunässe ganz und gar nicht. Daher sollte man wirklich erst gie-

---

MEIN RELAX-TIPP

Wie wäre es nach einem stressigen und anstrengenden Arbeitstag mit ein wenig Aromatherapie auf dem eigenen Balkon? Dazu einfach mit den Händen über die Kräuter streichen, tief einatmen – und schon stellt sich ein wohliges Gefühl ein.

Mix & Match heißt die Devise im Kräuterkasten. Bohnenkraut, Salbei, Rosmarin, Thymian und Oregano geben sich in luftiger Höhe ein Stelldichein und warten auf den Einsatz in der Küche.

ßen, wenn die Erde auch in ca. 2 cm Tiefe trocken ist. Einfach mit dem Finger reinbohren, dann wissen Sie Bescheid, ob die Gießkanne zum Einsatz kommen muss! Den ganzen Sommer kann man die Kräuter nach Herzenslust beernten. Das ist sogar ein Muss, denn durch das regelmäßige Zurückschneiden werden sie zu einem gesunden Wachstum angeregt und ein zu starkes Verholzen wird verhindert. Damit die Kräuter den kalten Winter überstehen, brauchen diese Südländer ab dem Herbst einen kuscheligen Mantel zum Schutz vor zu starkem Frost. Nehmen Sie deshalb die exponiert stehenden Balkonkästen samt den Kräutern ab November herunter und rücken Sie sie in eine wind- und wettergeschützte Ecke auf dem Balkon. Mehr zum richtigen Überwintern erfahren Sie auf Seite 116.

DIE KLASSIKER

Auch die Klassiker unter den Küchenkräutern, wie Schnittlauch, Minze, Liebstöckel oder Zitronenmelisse, müssen nicht nach einer Saison vom Balkon weichen, denn sie sind mehrjährig. Noch ein Vorteil: Sie kommen auch mit Halbschatten klar. Hinsichtlich ihrer Bedürfnisse sind sie ein wenig anspruchsvoller als ihre südländischen »Kollegen«: Die klassischen Küchenkräuter möchten für ihre zarten Blättchen etwas mehr Wasser, und auch ein wenig mehr Dünger schadet nicht, weshalb sie in einer reichhaltigeren, für Gemüse geeigneten Pflanzerde wachsen dürfen. Auch austrocknen sollten sie nicht. Und immer fleißig ernten! Dadurch werden die Pflanzen zu einem gesunden Wachstum angeregt und werden immer buschiger und prächtiger.

SCHNELL GEPFLANZTES KRÄUTERGLÜCK

Der perfekte Umzug für Melisse und Co.!

Es ist wirklich kinderleicht, Kästen und Behälter mit Kräutern zu bepflanzen. Und was lassen sich aus ihren Blättern und Trieben dann in der Folgezeit für Köstlichkeiten zubereiten! Sie gehören in leckere Dips ebenso wie in Salate oder Cocktails, zu Pizza und Pasta sind sie ebenfalls Pflicht. Auch das Grillgut – ganz egal, ob fleischlich oder vegetarisch – freut sich, wenn es mit Rosmarin in Kontakt kommt! Also ran an die Kräuter!

Falls Sie gerade keine Gefäße mit integriertem Wasserspeicher (siehe Seite 21) zur Hand haben, dann ist es vor dem Bepflanzen der Töpfe und Kästen sinnvoll, für Abzugslöcher zu sorgen. Nur dann bleiben die Wurzeln vor übermäßig viel Feuchtigkeit verschont und faulen nicht. Manchmal kommt es auch vor, dass Abzugslöcher in gekauften Kunststoffbehältern bereits vorgeprägt sind, aber erst noch mit der Bohrmaschine oder einer Schere herausgestanzt werden müssen. Damit diese Löcher später nicht verstopfen, kann direkt über dem Gefäßboden eine zusätzliche Schicht Blähton, die mit einem Vlies von der Erde getrennt wird, sinnvoll sein. Je nachdem, für welches Gefäß Sie sich entscheiden, sollten Sie diese Punkte zuerst abhaken, damit die Kräuter zur Höchstform auflaufen.

Wie bei allen Pflanzen gilt gerade auch bei den Kräutern, dass nur solche Aromagenossen gemeinsam in einen Topf einziehen sollten, die sich hinsichtlich der Ansprüche an Wasser- und Nährstoffversorgung nicht in die Blätter kriegen. Einen trockenheitsliebenden Thymian mit einem durstigen Kandidaten wie dem Schnittlauch zu kombinieren – diese Erfahrung können Sie sich und Ihren Kräutern getrost ersparen. Nie verkehrt ist es, die Pflanzen vor dem Einsetzen zuerst im Gefäß zu platzieren. So kann man schauen, wie die Kombi wirkt, und verschiedene Variationen testen. Erst wenn Sie sich sicher sind, dass die Anordnung stimmig ist, wird eingepflanzt.

DAS BRAUCHEN SIE:

- PFLANZGEFÄSS
- KRÄUTERERDE
- TOPFKRÄUTER MIT DENSELBEN STANDORTANSPRÜCHEN (LICHT, WASSER UND NÄHRSTOFFE)
- GIESSKANNE

BEI BEDARF
- HANDSCHUHE
- MESSER ODER GARTENSCHERE

1 Füllen Sie das Gefäß zu zwei Dritteln mit guter Pflanzerde. Steckt die Pflanze fest im Topf, so drücken Sie am besten gegen seine Seitenwände, bis sich die Pflanze samt Wurzel herausziehen lässt.

2 Damit die Pflanzen schnell anwachsen, die Wurzeln vorsichtig auflockern und den Ballen seitlich etwas aufrauen. Abgeknickte oder verletzte Wurzeln oder Triebe bitte vor dem Pflanzen entfernen.

3 Mit der Hand eine kleine Kuhle in die Erde graben und die Pflanze hineinsetzen. Sie sollte genauso tief stehen wie im bisherigen Gefäße. Jetzt seitlich Erde einfüllen und vorsichtig andrücken. Sind alle Kräuter im Kasten platziert, werden die Zwischenräume des Gefäßes mit Erde aufgefüllt und alles nochmals gut, aber mit Feingefühl angedrückt.

4 Damit beim Angießen die Erde nicht herausgeschwemmt wird, sollte das Gefäß nicht bis zum Rand befüllt sein, 2–3 cm Gießrand reichen. Nun heißt es noch gut angießen, damit die Erde an die Wurzeln geschwemmt wird und die Pflanze darin optimal anwachsen kann.

BEERIGE ZEITEN FÜR FRECHE FRÜCHTCHEN

Beeren bringen geballtes Sommerfeeling und Erholung pur auf den Balkon. Mit ihrem unbeschreiblichen Aroma zaubern Erdbeeren, Him- und Brombeeren sowie Heidelbeeren gute Laune auf das Gesicht jedes Balkongärtners.

Das Jahr beginnt mit den leckeren Erd- und endet mit Heidelbeeren. Dazwischen: Genuss pur!

DER BEERENLIEBLING

Ganz egal, wie groß oder gar klein Ihr Naschbalkon ist: Für die pflegeleichten Erdbeeren findet sich garantiert ein Platz, und sei es in luftiger Höhe in einer Ampel. Möchten Sie es gerne ranken lassen, da alle anderen Stellen schon belegt sind? Auch dafür ist die passende Erdbeere gewachsen. Und das Beste: Selbst im Schatten lassen sie sich anbauen – köstliche Walderdbeeren sind prädestiniert für diesen Standort, andere Beerenvertreter mögen dagegen lieber im Halbschatten oder in der Sonne wachsen.

RUND UM DEN ANBAU

Erdbeeren gibt's ab September als Jungpflanzen zu kaufen. Wer erst im Frühjahr plant und noch ernten will, kauft ab März getopfte Exemplare. Vor allem Ampeln bieten sich als platzsparende Variante an. Wer Erdbeeren in kleinen Pflanztöpfen im Sechser- oder Achterpack erworben hat, sollte sie möglichst bald in einen größeren Balkonkasten oder in einen Topf umpflanzen, der einen deutlich größeren Durchmesser hat als das bisherige Gefäß. Mehr dazu auf Seite 76.

In der Handhabung sind Erdbeeren nicht sehr anspruchsvoll. Gerne haben sie es ein wenig feucht im Topf, aber da das Hauptwachstum vor den heißen Sommertagen vor sich geht, ist das meist kein Problem. Bei Erdbeeren hat sich Mulchen mit Stroh bewährt (siehe Seite 26), zum ei-

Vom Strauch direkt in den Mund: Himbeeren sind pures Naschvergnügen für Groß und Klein.

Manche Heidelbeeren sind für die Kultur im Topf gezüchtet. Sie bevorzugen ein saures Substrat.

nen bleiben dadurch die Früchte sauber, zum anderen wird die Verdunstung aus dem Topf vermindert. Im Frühjahr, bevor die Blüte erfolgt und sich Früchte bilden, ist eine Gabe von Langzeitdünger empfehlenswert. Im Herbst schneidet man die braunen Blätter ab, den Winter überstehen die Beeren wie Kräuter gut eingepackt (siehe Seite 116). Da der Ertrag nach drei Jahren nachlässt, wird es dann Zeit für neue Pflanzen.

NOCH MEHR FRÜCHTCHEN

Nach den Erdbeeren ist noch lange nicht Schluss auf dem Beerenbalkon: Auch Himbeeren, Brombeeren oder Heidelbeeren können einziehen und Sie bis in den Spätsommer mit Naschbarem überschütten, und das auf kleinsten Raum.

In der Sonne, oft auch im Halbschatten kann man Beeren über einen langen Zeitraum immer wieder abernten, dabei fordern die Pflanzen wenig Aufmerksamkeit.

Damit Sie mit der Pflege nicht viel zu tun haben, sollten nur spezielle Züchtungen in die Pflanzcontainer mit humusreicher Erde einziehen. Eine »normale« Brombeere mit langen Ruten macht niemanden glücklich. Viel besser sind die Sorten, die speziell für das Leben im Topf gezüchtet wurden (siehe Seite 56). Kaum zu glauben, aber es gibt doch tatsächlich Heidelbeeren, die kompakt wie ein kleiner Buchsbaum aussehen, und Himbeeren, die rund und buschig wachsen.

Wer sich zum Naschen nicht bücken möchte, kann manche Beerenarten an Rankgerüsten ziehen und braucht sich zum Pflücken nicht einmal zu bücken. Allesamt machen Beeren nicht viel Arbeit: Sommerhimbeeren, die am vorjährigen Trieb tragen, werden nach der Ernte einfach komplett zurückgeschnitten, Herbsthimbeeren im Frühling vor dem Austrieb. Bei den säureliebenden Heidelbeeren wird nach drei bis vier Jahren jeweils der älteste Ast des Strauchs entfernt.

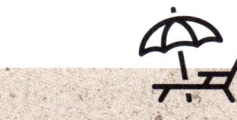

MEIN RELAX-TIPP

Mit einer geschickten Auswahl kann man vom Frühjahr bis in den Spätsommer Beeren naschen. Für bequeme Balkonbesitzer sind solche Sorten die beste Wahl, die über mehrere Wochen täglich Nachschub liefern: ideal fürs Müsli oder Cocktails.

LUST AUF FRUCHT

Wie einem gemütlich die Beeren in den Mund wachsen

Kompakt wachsend und mit süßen Früchten wartet die Lowberry-Himbeere auf faule Balkongärtner.

ZWEI FLIEGEN ...

Die Blicke der Nachbarn stören, und auch von der Straße aus ist der Balkon leider gut einsehbar? Da kommen rankende Brombeeren gerade recht, um sich eine kleine, gemütliche Laube auf dem Balkon zu schaffen. Sie sind ein Sichtschutz zum Anbeißen! Das dichte Blattwerk spendet Schatten und sorgt an Hochsommertagen für ein angenehmes Klima. Zum Naschen müssen Sie nicht mal aufstehen, sondern können direkt vom Liegestuhl aus die leckeren Beeren genießen. Natürlich muss man ein wenig Geduld mitbringen, bis die Brombeeren den Balkon eingewachsen haben, alle 50 Zentimeter sollten Sie die Ruten mit Klammern oder Gartenschnur fixieren.

SORTENWAHL

Eine stachelige Brombeere, deren Ranken den Balkon langsam zu einem Dornröschenschloss verwandeln, ist nicht gerade eine verlockende Vorstellung. Genau deswegen gibt es im Fachhandel spannende neue Sorten, die speziell für den Kübel auf dem Naschbalkon gezüchtet wurden. Sie wachsen extrem kompakt, im Falle von Brombeeren sogar stachellos. Auch bei den Himbeeren gibt es neue, kompakte Sorten, die nicht so ausladend wachsen. Ein harter Winter kann ihnen wenig anhaben, weil sich die Früchte an diesjährigen Ruten entwickeln. Ihnen reicht ein Kübel ab zehn Liter Fassungsvermögen für ein gutes Wachstum, auch der Schnitt ist denkbar einfach. Oft gibt's umfangreiche Informationen der Hersteller im Internet (siehe Seite 122).

Stachellose Brombeer-Sorten lassen sich mit ihren langen Trieben an Gittern hochziehen.

Aus eins mach zehn: Erdbeeren lassen sich über Ableger kinderleicht vermehren.

NACHWUCHS WILLKOMMEN

Irgendwann müssen auch bei bester Pflege die Pflanzen auf dem Balkon ausgetauscht werden, weil sie nicht mehr die erwünschten Erträge hervorbringen. Bei Erdbeeren ist das nach etwa zwei bis drei Jahren der Fall. Den Gang ins Gartencenter können Sie sich und Ihrem Portemonnaie jedoch getrost sparen. Die Erdbeeren kümmern sich nämlich selbst darum, dass immer reichlich Nachwuchs vorhanden ist. Diese sogenannten Ableger sind über eine Art Nabelschnur mit der Mutterpflanze verbunden. Setzen Sie die Ableger einfach in ein mit Erde befülltes Töpfchen, sodass sie Bodenkontakt haben. Damit die Ableger nicht wackelig in der Erde sitzen und sich schnell bewurzeln können, werden sie mit einer Drahtkrampe oder Klammer fixiert. Sobald sich Wurzeln gebildet haben, trennen Sie mit einer sauberen, scharfen Schere einfach die Verbindung zwischen »Mutter« und »Kind«. Die kleinen Erdbeerpflanzen können Sie nach einer Weile in einen größeren Topf verpflanzen. Achtung: Dazu unbedingt frische Erde verwenden.

IMMER AUF VORRAT

Man kann noch so sorgfältig planen: Im Sommer sind doch immer zu viele Beeren auf einmal reif. Falls Sie keine Zeit zum Einmachen haben, da im Sommer der Badesee und die Grillfeste viel verlockender sind als die Vorstellung, einen Tag in der Küche zu verbringen, dann frieren Sie die Beeren-Ernte doch einfach ein! Das gelingt am besten, wenn Sie die Beeren einzeln nebeneinander in einer Gefrierbox oder auf einem Teller frosten. Wichtig ist, dass sich die Beeren nicht berühren, weil sie sonst nach dem Auftauen matschig werden. Kalte Früchtchen schmecken übrigens in Sekt viel besser als Eiswürfel...

Erst einzeln einfrieren, dann zusammen abpacken. So bleiben Beerenfrüchte ganz und gar appetitlich.

MINI-OBST FÜR TOPF UND BALKON

»Bäumchen, rüttel dich und schüttel dich, wirf Gold und Silber über mich!« Was Aschenputtel kann, können wir schon lange. Nur dass wir auf dem Balkon nicht mit Edelmetall, sondern Obst überschüttet werden wollen.

Mit Säulen- oder Miniaturobst wird es auf dem Balkon so richtig fruchtig: Ersteres wächst lang und hoch, während die Minis wie ein normaler Baum im Zwergformat aussehen. Nicht nur Apfelbäume, auch entsprechende Sorten von Zwetschge, Birne oder Kirsche kommen mit dem Leben auf dem Balkon gut zurecht, weil sie speziell für die Kultur im Kübel gezüchtet wurden.

Der Säulenapfel ist ein Platzspar-Modell der Sonderklasse auf dem Naschbalkon.

LANG UND HOCH ODER STÄMMIG UND BUSCHIG

Die Säulenobst-Vertreter sind oft unter der Bezeichnung »Ballerina« zu finden. Sehr treffend, denn sie sind so schlank und grazil wie eine Primaballerina und beanspruchen wenig Platz für sich – da bleibt noch viel für Ihre Chillout-Ecke und Sie übrig!

Säulenformen werden etwa 40–60 cm breit und zwischen 2–3 m hoch. Damit die Obsternte üppig ausfällt, sollten die Gehölze so viel Sonnenschein wie nur möglich abbekommen. Je mehr Schatten, umso niedriger der Ertrag – so einfach ist das. Dekorativ sehen die Bäume auf dem Balkon aber auf alle Fälle aus.

Noch kleinwüchsiger sind Miniaturbäume: Mit 1,5 m haben sie ihr Wuchsziel erreicht, trotzdem tragen sie schmackhafte Früchte – bis zu 20 oder 30 sind durchaus drin. Das Geheimnis des Zwergenwuchses ist eine schwach wachsende Wurzelunterlage, die den gesamten Baum »über der Erde« im Wachstum bremst.

Wählen Sie im Gartencenter oder im Online-Shop einer Baumschule Sorten aus, die selbstbefruchtend sind. Viele Obstsorten können nämlich nicht selbst für die Befruchtung ihrer Blüten sorgen, sondern brauchen in der Regel einen Part-

Hübsch sieht es aus, wenn Obstbäumchen mit Kräutern unterpflanzt werden.

nerbaum, um Früchte bilden zu können. Das kann, wie bei der Süß-Kirsche auch eine wilde Vogel-Kirsche sein. Wichtig ist auch, dass Sie bei der Sortenwahl auf möglichst widerstandsfähige Züchtungen setzen. Diese Exemplare sind weniger anfällig oder gar komplett resistent gegen Krankheiten wie z.B. Schorf. Im Gegensatz zu Obstbäumen im Garten müssen Ballerinas und Miniaturbäumchen nicht oder kaum geschnitten werden. Nur ganz alte Fruchttriebe werden im Februar herausgeschnitten

LEICHT ZU PFLEGEN

Egal, für welche Wuchsform Sie sich am Ende entscheiden: Ein großer Pflanzcontainer ist für alle Balkon-Obstbäume überlebenswichtig. Meist müssen die Minis gleich nach dem Kauf umgetopft werden, und zwar in ein Gefäß, das etwa 6–10 cm breiter ist als der bisherige Topf. Ein Blumentopf, der 30 Liter fasst, reicht normalerweise für die ersten vier Jahre aus. Nach rund sechs Jahren steht eine Vergrößerung an, der neue Topf sollte dann möglichst 50 Liter fassen. Ein veredeltes Bäumchen setzen Sie so in die nährstoffreiche Erde ein, dass die Veredelungsstelle (dort, wo der Stamm eine dickere Unebenheit aufweist) rund 8 cm über der obersten Erdschicht liegt. Achten Sie auf ein Dränageloch am Topfboden (siehe Seite 28). Auf jeden Fall sollte der Stamm einen Pfahl als Stütze bekommen, damit er stabil in der Senkrechten bleibt. Mehrmals kräftig angießen nicht vergessen! Gedüngt wird normalerweise im Frühjahr mit Langzeitdünger, zwischendurch mal Flüssigdünger, achten Sie auf indiviuelle Angaben des jeweiligen Züchters. Im Winter erweist sich die Obstplantage auf dem Balkon als relativ unkompliziert. An einer geschützten Stelle überstehen die mit Vlies umwickelten Kübel die kalte Jahreszeit meist problemlos (siehe Seite 116).

MEIN RELAX-TIPP

Wer sich ganz schwer entscheiden kann, welche Sorte auf seinem Balkon stehen soll, greift einfach zum Mehrsorten-Baum. Auf ihm sind beispielsweise früh- und spätreifende Äpfel vereinigt. Der nachhaltige Genuss ist gesichert.

RANKGERÜST FÜR KLETTERKÜNSTLER

Sprosse um Sprosse wird es grüner

Wer hält sich denn hier an der Hauswand fest, wer zerrt dort mit grünen Ranken am Stuhl und was kriecht da schon wieder mit vorwitzigen Trieben über den Balkonboden?! Bevor sich Ihre Kletterkünstler selber helfen und alles einwuchern, was als Steighilfe zu gebrauchen ist, heißt es selber kurz Hand anlegen. Das hilft nicht nur den Pflanzen bei ihren Bemühungen, nach oben zu gelangen. Auch Sie haben damit die Möglichkeit, den begrenzten Platz optimal zu nutzen.

HAUPTSACHE AUFWÄRTS

Wie gut, dass nicht jeder grüne Klettermaxe gleich ein ausgefeiltes Rankgerüst braucht. Viele geben sich anfangs auch mit dem Balkongeländer zufrieden und sorgen auf diese Weise für einen Sichtschutz der etwas anderen Art. Damit die Pflanzen mit ihren Trieben schnell Halt finden, können Sie mit Juteschnur oder Pflanzenklammern ein wenig unterstützend eingreifen. Eignet sich das Balkongeländer nicht zum Klettern, so bieten sich Holz- oder Bambusstäbe, aber auch Maschendraht oder ein Seilsystem aus Edelstahl an, das mit Haken an der Wand befestigt wird. Natürlich und durchaus stylish wirken auch Elemente aus Weide oder Haselnuss. Je nach Wind auf dem Balkon, sollten die Elemente gut verankert sein, denn die Rankelemente müssen nicht nur der Last der Blattmasse, sondern auch Wind und Regen standhalten. Ab Juli hängen oft zusätzlich immer größer und schwerer werdende Früchte an den Trieben, spätestens dann sollte für eine Kletterhilfe gesorgt sein. Wer Zeit hat, kann gleich zu Saisonanfang eine Rankhilfe basteln. Dafür können Sie im Gartencenter Rankgitter besorgen, die direkt im Topf platziert werden. So sparen Sie sich Bauarbeiten, und das Nachfragen beim Vermieter bezüglich Bohrungen in der Fassade entfällt.

DAS BRAUCHEN SIE:

- PFLANZGEFÄSS
- ERDE
- RANKGERÜST
- KLETTERPFLANZE
- BINDESCHNUR
- SCHERE
- HANDSCHAUFEL

BEI BEDARF:
- HANDSCHUHE

1 Den Kübel so an einer Hauswand oder einer Hausecke platzieren, dass das Rankgerüst daran sicheren Halt finden kann. Dann wird der Pflanzkübel zu zwei Drittel mit Erde gefüllt. Wichtig: Das Rankgerüst muss sicher im Kübel und an der Wand befestigt werden.

2 Jetzt die Jungpflanzen – hier Stangenbohnen – in den Kübel setzen. Eventuell kann es notwendig sein, die Triebe mit einem kleinen Stab in Richtung Rankgitter zu leiten, bis sie sich von alleine emporschlingen oder -ranken.

3 Schon nach ein paar Wochen ist das Rankgerüst von meterlangen Trieben der Feuerbohne und der Kapuzinerkresse überwachsen und hat sich in einen vertikalen Gemüsegarten mit integriertem Sichtschutz verwandelt.

SCHNITT FÜR EINE REICHE ERNTE

Damit pralle Äpfel, saftige Himbeeren und köstliche Birnen in Hülle und Fülle geerntet werden können, ist bei manchen Kandidaten ein Schnitt notwendig. Und der sollte zum richtigen Zeitpunkt erfolgen.

Glücklicherweise sind die grünen Genossen auf dem Balkon recht einfach in Form zu bringen, und der Schnitt von Beeren und Säulenbäumchen ist kein Hexenwerk. Nur trauen müssen Sie sich! Also ran an die Gartenschere, denn sonst werden Sie sich irgendwann in den kommenden Jahren wundern, warum die Sträucher immer weniger Früchte tragen.

Immer über einer Knospe wird geschnitten. So heilt die Schnittwunde schnell wieder zu.

UNTERSCHIEDLICHE MINIS

Sehr beliebt für den Balkon sind Säulenbäume. Äpfel, Birnen oder Kirschen hängen dabei an schlank wachsenden Gehölzen. Allerdings gibt es in ihrem Wuchsverhalten große Unterschiede: Ein Apfelbaum am Balkon ist in Bezug auf den Schnitt am anspruchslosesten, denn sein säulenförmiger Wuchs ist in seinen Genen verankert. Nur wenn sich ein langer Seitenzweig bildet, sollte man diesen konsequent entfernen.
Birne und Kirsche weisen zwar ebenfalls einen schmalen Wuchs auf, neigen aber oft stärker zur Bildung von Seitentrieben. Hier sollten Sie alle längeren Zweige auf eine Länge von 10–15 cm zurückscheiden. Der beste Zeitpunkt für den Rückschnitt ist immer das Frühjahr, dann verheilen die Schnittwunden am besten. Sauberes und scharfes Werkzeug sind wichtig, um Krankheiten zu vermeiden.
Zwerg-Obstbäume mit einer Mini-Krone werden etwas anders geschnitten als Säulenbäume. Als Grundregel gilt, dass sich die Äste nicht kreuzen sollen, bestenfalls weisen sie immer nach außen, sodass sich eine schöne runde Krone ergibt. Die kurzen Fruchttriebe werden alle vier bis fünf Jahre »verjüngt«, also die ältesten herausgeschnitten und lange Triebe um ein Drittel eingekürzt.

GUT VERSORGT

Das Ausdünnen der Früchte ist ein weiterer wichtiger Punkt für den Wohlfühlfaktor der Minis und die Qualität ihrer Früchte. Hängen drei bis fünf Früchte an einem Büschel zusammen, kann es passieren, dass keine davon genug Nährstoffe bekommt und reif wird. Hier ist es sinnvoll, nur zwei weiterwachsen zu lassen. Dazu die Früchte nach oben hin wegdrehen. So können sich die übrigen Äpfel oder Birnen besser entwickeln und zu stattlichen Exemplaren heranwachsen.

BEEREN-WELLNESS

Was sich Beeren für ihre Ruten wünschen, kommt ganz auf die Sorte an. Wer auch hier auf spezielle Balkonzüchtungen und pflegeleichte Sorten setzt, tut sich einen großen Gefallen. Ganz unkompliziert sind Erdbeeren (siehe auch Seite 54 und 76). Deren Blätter sollten am besten nach der Ernte abgeschnitten werden, so können sich keine Pilzkrankheiten ausbreiten.

Bei den Himbeeren sind die Sorten, die im Herbst Früchte tragen, am einfachsten zu schneiden. Nach der letzten Ernte im November, spätestens Anfang März werden einfach alle Ruten komplett über der Erde zurückgeschnitten, lediglich Stummel von 5–10 cm Länge bleiben stehen. An den Ruten, die sich im Laufe des Frühjahrs bilden, zeigen sich dann auch ab Spätsommer die schmackhafte Beeren.

Sommerhimbeeren tragen dagegen an den zweijährigen Ruten. Gleichzeitig mit der Ernte der letzten Früchte schneiden Sie auch die alten, abgeernteten Triebe direkt über der Erde ab, so kommt es nicht zu Verwechslungen. Zu dichte Ruten kann man gleichfalls auslichten.

Bei den Brombeeren gibt es ebenfalls Sorten, die an dies- oder letztjährigen Trieben Früchte tragen. Hier sollte man sich an den Empfehlungen des Züchters orientieren. Die meisten »klassischen« Sorten wie die stachellose 'Navaho' tragen an den Vorjahrstrieben. Nach der Ernte heißt es also: Rute ab, damit die neuen Platz zum Wachsen haben!

BLAUBEEREN – GANZ EASY

Ziemlich unkompliziert sind Kulturheidelbeeren, die speziell für die Kultur in Töpfen und Kübeln gezüchtet worden sind. Ein Schnitt ist bei ihnen in der Regel nicht erforderlich. Bei Bedarf können Sie im Herbst sehr alte, stark verholzte und zu dicht stehende Triebe – man bezeichnet sie als altes Fruchtholz – herausschneiden bzw. allzu lange Triebe ein wenig einkürzen. Auf diese Weise werden sich in den nächsten Jahren wieder größere Heidelbeeren zeigen.

Bei Blaubeeren reicht es, nur alle paar Jahre die alten Äste herauszuschneiden.

IDEEN FÜR FAULE BALKONGÄRTNER

Jetzt haben Sie alle Grundlagen beisammen, um aus Ihrem Balkon ein Faultier-Paradies mit Naschpotenzial zu kreieren. Darum heißt es nun endlich: Ran an die Pflanzen und damit an die Gestaltung Ihres Naschparadieses – ganz individuell und nach Ihrem Geschmack! Jede Menge Ideen warten hier auf Sie.

MIX & MATCH: CLEVER KOMBINIERT

Nun heißt es endlich: An die Töpfe, fertig, los! Wir zeigen Ihnen, welche Pflanzen sich am besten auf Ihrem Balkon mit seinen Besonderheiten kombinieren lassen. Damit ein Maximum an Genuss gesichert ist!

Welche Naschgemüse, Kräuter und Früchte lassen sich gut auf dem Balkon kombinieren – nicht nur in Bezug auf ein gutes Wachstum, sondern auch auf ihre spätere Verwertung? Dieser Frage gehen wir in diesem Kapitel nach. Besondere Aufmerksamkeit wird dabei Pflanzen geschenkt, die auf den »Faulaspekt« abgestimmt sind. Also etwa auf Sorten, die kleinwüchsig sind und sich im Topf auf dem Balkon pudelwohl fühlen. Oder auf Pflanzenvertreter, die das Leben in luftiger Höhe mit dem speziellen Balkonklima bestens meistern. Ihnen macht es beispielsweise nichts aus, wenn ihnen öfter einmal die Blätter durch ein stärkeres Lüftchen zerzaust werden.

WAS NASCHEN SIE GERNE?

Auch das ist eine Frage, die wir klären sollten! Manche Balkongärtner mögen's fruchtig-süß, die anderen stehen auf eher deftige Genüsse. Die einen schnuppern genüsslich an aromatischen Tees, die anderen lieben es, ihren Cocktail mit Kräutern aufzupeppen. Vielleicht sind Sie auch ein Fan der asiatischen oder der mediterranen Küche? Auch dann sind Ihnen ganz bestimmte Naschpflanzen gewachsen!

An ganz unterschiedliche Vorlieben habe ich bei meinen Pflanzideen gedacht. Die haben allerdings nur Vorschlagscharakter, Sie müssen sie nicht eins zu eins in die Tat umsetzen. Wo kämen wir denn da hin, wenn ich Ihnen hier vorschreiben würde, wie Sie Ihren Naschbalkon zu bepflanzen haben? Vielmehr sollen Ihnen diese Ideen als Entscheidungshilfe zur Seite stehen. Gleichzeitig liefere ich Ihnen Inspirationen zur

Kapuzinerkresse bildet lange Triebe und blühende Teppiche. Die Blüten schmecken würzig-scharf.

Cocktailtomaten werden nicht größer als ein Golfball und sind ein toller Snack für Zwischendurch.

GRÜNE UNTER SICH

Wer eifrig »mixt«, darf dabei natürlich auch das »Match«, also das Zusammenpassen der einzelnen Pflanzen nicht vergessen. Das gilt vor allem dann, wenn Sie mehrerlei Grünlinge in einen gemeinsamen Kübel setzen wollen. In einer Pflanzen-WG sollten sich nur Naschpflanzen zusammenfinden, die die gleichen Ansprüche an Wasser- und Nährstoffversorgung haben. Ist das nicht der Fall, dann muss jede eben eine Einzimmerwohnung bekommen, die Pflanzen werden dann einzeln in Töpfe gesetzt.

Falls Sie jetzt schon wissen, dass Sie auf das Aussäen verzichten möchten und lieber auf Pflanzen setzen, dann ist das kein Problem. In den Pflanzenportraits gibt's zwar meist einen Hinweis zur Saat, aber das bedeutet nicht, dass Sie auch zur Samentüte greifen müssen. Beinahe alle vorgeschlagenen Naschvertreter können Sie – von einigen Ausnahmen abgesehen – auch als Jungpflanzen kaufen. Dadurch fallen bei der Kultur einige Arbeitsschritte gleich mal unter den Tisch, und das Faulsein kann früher beginnen. Das bedeutet mehr Zeit für Sie im Liegestuhl!

Weiterverwertung, denn schließlich will man wissen, was man später mit dem Grünzeug anfangen kann. Die »Rezept-Klassiker« kennen Sie wahrscheinlich schon. Dazu habe ich ein paar originelle und schnelle Varianten ausgewählt. Natürlich müssen sich auf Ihrem Balkon nicht alle Brotzeitzutaten (siehe Seite 69) oder Cocktailkräuter (siehe Seite 90) einfinden. Es darf fröhlich kombiniert werden!

Denken Sie daran, dass sich nicht alle Pflanzen für Ihren individuellen Balkon eignen. Was hatten wir gesagt? Nur die grünen Mitbewohner, die zu den Standortgegebenheiten des Balkons passen, dürfen in die Kübel wandern. Picken Sie sich also wirklich nur die Kräuter, Gemüse- und Obstsorten heraus, die perfekt für Sie und Ihren Naschbalkon geeignet sind.

MEIN RELAX-TIPP

Kapuzinerkresse geht immer! Ist im Balkonkasten noch eine Lücke oder ist eine Pflanze aus irgendwelchen Gründen nicht gediehen, dann sorgt die Kapuzinerkresse für grünen Blattschmuck und knallige Blüten, die man noch dazu essen kann.

BROTZEIT AUS DEM TOPF

Vesperplatte, Sandwich, zwischendurch auch mal ein knackiger Snack: Mit eigenem Grünzeug wird das zweite Frühstück oder das Abendbrot zum Vergnügen und der Balkon zum Biergarten.

Es geht doch nichts über eine leckere Brotzeit – aber dafür muss man für gewöhnlich in den Biergarten, eine bayerische Wirtschaft oder gleich aufs Oktoberfest gehen. Wer keine Lust hat, nach einem harten Tag noch einmal loszuziehen, kann die Brotzeit aber auch bei sich zu Hause machen. Und das gilt erst recht, wenn man zu den Naschbalkon-Besitzern gehört.

Knackiger Genuss: Radieschen brauchen nur wenige Wochen von der Aussaat bis zur Ernte.

KULINARISCHE GENÜSSE

Was braucht man für eine zünftige Brotzeit? Ganz klar: Brezen sind ein Muss, es darf auch gern ein deftiges Schwarzbrot sein. Dazu wird gern der traditionelle Obatzde sowie Wurst und Käse aufgetischt. Wer schon Mitte März seinen Naschbalkon bestückt hat, kann auch erstes frisches Grün dazu genießen: Der mehrjährige Schnittlauch zeigt zuverlässig ab Anfang April seine ersten Triebspitzen und kann beerntet werden. Wer ein Saatband mit Radieschensamen und Pflücksalat in den Balkonkasten legt, kann nach vier bis sechs Wochen erstmals ernten. Noch schneller geht's, wenn Sie Salatjungpflanzen eintopfen. Alle Pflanzen sind denkbar einfach in der »Verarbeitung«: Schnittlauch abschneiden, Radieschen aus der Erde ziehen, beides kurz unters Wasser halten, klein schnippeln und genießen! Oder Sie verwenden Ihre Ernte für eine exotische Guacamole (siehe Seite 72) oder einen Aufstrich mit Radieschen und Lachs (siehe Seite 73). Schnittlauch, Salat und Radies sind übrigens auch im Balkonkasten ein gutes Team, alle drei kann man deshalb bedenkenlos zusammenpflanzen. Etwas später im Jahr, wenn es draußen zuverlässig warm ist und kein Kälteeinbruch mehr droht (was meist ab Mitte/Ende Mai der Fall ist), wird

Zünftige Holzbrettchen, Teller und Tischtuch im Karo-Look, dazu deftige Leckereien, ergänzt durch grüne Naschereien vom eigenen Balkon: Einfach gemütlich, wenn der Biergarten direkt vor der Tür zu finden ist.

es Zeit, Gurken als Jungpflanzen auf den Balkon zu holen. Sie sind »Einzelgänger« und jede braucht einen großen Topf, damit sie nicht mit anderen Pflanzen um Nährstoffe konkurrieren muss. Da Gurken viel Feuchtigkeit brauchen, sollten sie gut mit Wasser versorgt werden – entweder durch Gießen oder ein Bewässerungssystem. Während sich die Gurke in der Sonne räkelt, wird es Radieschen und Pflücksalat zu heiß auf dem Balkon: Radieschen werden bei zu viel Sonne holzig und bitter, auch der Pflücksalat wird schnell hart, fängt an zu blühen und schmeckt dann nicht mehr so lecker. Am besten bauen Sie diese beiden Arten dann lieber erst wieder im August an, wenn es wieder kühler ist. Dazwischen liegt der faule Gärtner sowieso lieber am Baggersee, als auf dem Balkon zu werkeln.

WOHLFÜHLATMOSPHÄRE

Genießen können Sie die Brotzeit am besten auf einer zünftigen Bierzeltgarnitur. Wer's gern gemütlicher – und mit Rückenlehne – mag, bestückt seine Stühle mit bunten Kissen. Die Teller bleiben im Schrank, viel besser passen ein paar Holzbretter, auf denen alle Köstlichkeiten appetitlich arrangiert werden. Jetzt muss nur noch der Durst gestillt werden. Zu trinken gibt's am besten Mineralwasser oder Apfelschorle, gern darf es auch einmal ein erfrischendes Radler sein. Gut möglich, dass Sie nach der Brotzeit erst einmal eine Auszeit im Liegestuhl brauchen, auf seinen gemütlichen Kissen können Sie nicht nur die Füße hochlegen, sondern auch die Seele baumeln lassen. Eine gute Gelegenheit, um den Gurken beim Wachsen zuzuschauen!

KNACKIGER GENUSS

Mit Salat und Radieschen starten, mit Gurken geht's knackig weiter!

☀️ ⛅ RADIESCHEN

Raphanus sativus var. *sativus*

ANBAU: Aussaat der Schwachzehrer zwischen März und September, 1–1,5 cm tief. Je nach Jahreszeit Früh- und Sommersorten verwenden. Abstand zwischen den Reihen ca. 10 bis 20 cm, in der Reihe auf 5 cm vereinzeln. Noch unkomplizierter geht's mit Saatbändern (siehe Seite 46).
PFLEGE: Ziemlich anspruchslos. Gleichmäßig feucht halten, sonst platzen die Knollen auf oder schmecken bitter.
SORTEN: 'Rudi', 'Parat', 'Cherry Bell', 'Würzburger' und 'Sora' wachsen auch im Balkonkasten bestens.
ERNTE: Erntereif nach 30–40 Tagen. Dann rasch verspeisen, sonst werden sie holzig oder pelzig. Lecker schmecken im Salat die jungen Blätter, die beim Ausdünnen anfallen.

☀️ ⛅ PFLÜCKSALAT

Lactuca sativa var. *crispa*

ANBAU: Kann ab März als Samen oder per Saatband in den Balkonkasten. Abstand in und zwischen den Reihen wie auf der Packung angegeben. Der Schwachzehrer braucht nicht viel Dünger. Schneller sind gesetzte Jungpflanzen genussreif.
PFLEGE: Gleichmäßig feucht halten. Im Hochsommer kommt es sonst zur Blütenbildung, die Blätter werden bitter.
SORTEN: 'Forellenschuss', 'Kanarienzunge', 'Lollo Rosso Solmar' oder Kombinationen aus verschiedenen Sorten.
EXTRA-TIPP: Faule bauen nur im Frühjahr und Herbst Salat an. Dann ist der Gießaufwand viel geringer als im Sommer, und es besteht weniger Gefahr der vorzeitigen Blütenbildung.

☀ FREILAND-GURKE

Cucumis sativus

ANBAU: Ab Mitte Mai (nach den Eisheiligen) Jungpflanzen in großen Kübeln mit mindestens 20 Liter nährstoffreicher Erde kultivieren. Bitte die empfindlichen Wurzeln vorsichtig behandeln und nicht abknicken. Bei einem späteren Kälteeinbruch Pflanze mit einem Vlies abdecken.
PFLEGE: Nach dem Einpflanzen die Stängelbasis mit Erde anhäufeln, mit Stroh mulchen. Immer gut feucht halten, sonst werden die Früchte bitter. Die Starkzehrer regelmäßig düngen. An Rankgitter hochbinden oder hängend anbauen.
SORTEN: Gurken mit kleineren Früchten wie 'Tanja', 'Diamant', 'Mini Stars' F1 sind schneller genussreif.
ERNTE: Setzen bis in den Herbst hinein Früchte an.
EXTRA-TIPP: Sorten mit vielen kleinen Früchten wie 'Mini Stars' oder 'Balkon-Freude' eignen sich hervorragend für den hängenden Anbau. Im Herbst einfach abräumen.

☀ ⛅ SCHNITTLAUCH

Allium schoenoprasum

ANBAU: Den gekauften Schnittlauch baldmöglichst in ein größeres Gefäß umpflanzen. Im Unterschied zu anderen Kräutern braucht Schnittlauch etwas nährstoffreichere Erde. Auf gute Dränage im Untergrund achten.
PFLEGE: Immer leicht feucht halten. Wird der Topf zu klein, wird die Pflanze geteilt.
SORTEN: Die Sorte 'Profusion' bildet keine Samen, die Blüten bleiben deshalb lange zart und schmecken gut.
ERNTE: Rund 1 cm über der Erde mit der Schere oder dem Messer kleine Büschel abschneiden, wächst zügig nach.
EXTRA-TIPP: Die Blüten lassen sich als essbare Deko verwenden. Der Schnittlauch überwintert problemlos. Dazu rückt er an eine geschützte Stelle und wird mit Vlies eingemummelt.

GUACAMOLE
Brotzeit wird exotisch

FÜR 4 PERSONEN
PRO PERSON: 200 KCAL.
ZUBEREITUNGSZEIT: 20 MIN.

2 Knoblauchzehen
1 getrocknete Chilischote
4 Pfefferkörner
1 rote Zwiebel
6 Radieschen
1/2 **Bund** Koriandergrün
2 Avocados
1 Limette
Salz | Pfeffer

1 Knoblauchzehen schälen und grob hacken. Die getrocknete Chilischote hacken. Beides mit den Pfefferkörnern im Mörser zerstoßen. Die rote Zwiebel schälen und hacken.

2 Die Radieschen sorgfältig putzen und waschen. Vier Radieschen fein würfeln, zwei in dünne Scheiben schneiden.

3 Ein halbes Bund Koriandergrün waschen, trocken schütteln und hacken. Das Fruchtfleisch von 2 Avocados mit der Gabel zerdrücken. Saft von der Limette unterrühren.

4 Gemörserte Zutaten, Zwiebeln, Radieschenwürfel und Koriander unterrühren. Salzen und pfeffern. Mit Radieschenscheiben verzieren. Zugedeckt und gekühlt ca. 1 Tag haltbar.

TIPP: Passt zu Brot oder Kartoffeln

LACHS UND RADIESCHEN

Die klassische Stulle – neu interpretiert

2 Radieschen
Salz
1/2 grüner Apfel (z.B. Granny Smith)
1 TL flüssiger Honig
1/2 Bund Schnittlauch
75 g Crème fraîche
Pfeffer
200 g Lachsfilet ohne Haut (Sushiqualität)
1/2 Zitrone
4 Scheiben Saaten-Kastenbrot

FÜR 2 STULLEN
PRO STULLE: 665 KCAL.
ZUBEREITUNGSZEIT: 25 MIN.

1 Die Radieschen sorgfältig waschen, abtrocknen, putzen und mit dem Messer fein hacken. Die Radieschenstücke in eine Schüssel geben, salzen und ca. 10 Min. ziehen lassen.

2 Inzwischen den Apfel schälen, das Kerngehäuse entfernen und das Fruchtfleisch in Würfel schneiden. Das ausgetretene Wasser von den Radieschen abgießen. Den Honig unterrühren und die Apfelwürfel untermischen.

3 Den Schnittlauch waschen, trocken schütteln und in feine Ringe schneiden. Diese unter die Crème fraîche rühren und mit etwas Salz und Pfeffer abschmecken.

4 Das Lachsfilet kalt abspülen, trocken tupfen und in 5 mm große Würfel schneiden. Die Zitrone auspressen und den Saft mit Pfeffer würzen. Lachswürfel und Zitronensaft mischen und ungefähr 5 Min. marinieren lassen.

5 Die Brotscheiben mit der Schnittlauchcreme bestreichen. Dann das Lachstatar auf 2 Scheiben verteilen und den Apfel-Radieschen-Salat daraufschichten. Zum Schluss mit den restlichen Brotscheiben abdecken.

FRUCHTIGE FREUDEN

Wer denkt beim Begriff Naschbalkon nicht sofort an süße Erdbeeren, duftende Himbeeren und den Biss in einen knackigen Apfel? Gute News: All diese Leckereien wachsen problemlos auf dem Fauli-Balkon!

Viele speziell für den Balkon gezüchtete Beeren- und Obstsorten sind ein unschlagbares Argument, um wenigstens eine der ab Seite 76 vorgestellten Pflanzen auf Ihren Balkon zu holen. Und schon ein paar Wochen später beginnt der Genuss: Sie können Apfel oder Beeren direkt vom Strauch oder Baum naschen. Genau so stellen wir uns den Naschbalkon für Faule doch vor.

STREUOBSTWIESE UND ERDBEERFELD

Geht es Ihnen auch so? Beim Anblick frischer Erdbeeren läuft einem jedes Mal das Wasser im Munde zusammen. Aber haben Sie schon mal eine Erdbeere gekostet, die Sie sonnenwarm direkt aus dem Balkonkasten mit einem Happs in den Mund stecken konnten? Ein unvergleichlicher Genuss! Den dürfen Sie sich nicht entgehen lassen. Am besten direkt im Liegestuhl genießen – entspannter geht es kaum! Egal ob Sonne oder Schatten, für jeden Naschbalkon ist eine Erdbeersorte gewachsen (siehe Seite 76). Kann sich noch eine Himbeere (siehe Seite 78) und eine Brombeere (siehe Seite 79) dazugesellen – dazu ist dann aber mindestens ein halbschattiger Standort angesagt – , dann wird der Nasch- zum Müsli-, Smoothie- oder Dessertbalkon.

GUT AUFGESTELLT

Wer Lust auf Lauben-Atmosphäre hat, lässt die Triebe von rankenden Beeren an einem Gitter entlangklettern. So haben Sie Schattenspender, Sichtschutz und Beerenglück in einem. Ihre Gäste werden staunen, wenn sie mitten im Sommer in einer grünen Laube sitzen, weil der Balkon

Mehr als eine kurze Dusche brauchen die Erdbeeren nicht, wenn sie auf dem Balkon wachsen.

Lust auf Bowle? In einer Glaskaraffe kredenzt, kann sich auch das Auge an den Früchten laben.

komplett von allen Seiten zugewachsen ist. Jetzt müssen Sie nur noch mit selbst gebackenen Bruffins (Rezepte Seite 81) um die Ecke biegen, dann ist das Balkonglück perfekt.

SCHMAL GEWACHSEN

Wer eher auf knackige Früchte steht, der darf sich über einen Apfelbaum (siehe Seite 77) freuen. Wie das funktionieren soll? Ganz einfach, mit einem Säulenbäumchen! Diese Züchtungen brauchen ganz wenig Platz, da sie bevorzugt in die Höhe wachsen. Je sonniger der Standort, desto süßer und reicher die spätere Ernte. Und keine Angst vor dem Schnitt! Bei diesen besonderen Kronenformen ist das keine Wissenschaft, dafür haben die Züchter gesorgt (siehe Seite 62).

Sie haben neben Sitzgarnitur und Sonnenschirm immer noch etwas Platz? Na, dann holen Sie sich doch Gesellschaft in Form eines Birnbaums (siehe Seite 79) im Säulenformat. Letztlich sind den Obstfreuden auf dem Balkon keine Grenzen gesetzt, denn es gibt auch Kirschen, Pflaumen oder Aprikosen in schlankem Format.

BAUERNGARTEN-FEELING

Wer reichlich Obst auf seinem Naschbalkon anbaut, kann damit im Nu eine ländlich entspannte Atmosphäre schaffen: Die Erdbeeren freuen sich über eine Mulchschicht aus Stroh, und schon beginnt das Bauerngarten-Feeling zu gedeihen. Rustikal angehauchte Holzmöbel, ein paar verspielte Bezüge für die Sitzkissen, eine Blümchendecke für den Tisch und darauf eine köstliche Erdbeertarte (siehe Seite 80), die mit jeder Menge Schokolade für kalorienreiche Hochgenüsse sorgt. Jetzt noch eine Wimpelkette, die im Wind flattert, und ein paar hübsche Laternen, und das Landleben ist erfolgreich bei Ihnen auf dem Naschbalkon angekommen!

MEIN RELAX-TIPP

Die meisten Beerensorten sind Flachwurzler, ihre Wurzeln sterben bei Sauerstoffmangel schnell ab. Deshalb die Wurzelballen nicht tiefer einpflanzen, als sie vorher im Container gestanden haben. Große »Buddeleien« können Sie sich sparen!

FRUCHTIGE FREUDEN

BEST OF OBST UND BEEREN

☀ ⛅ ERDBEEREN

Fragaria × ananassa und *Fragaria vesca*

Egal ob Balkonkasten oder Ampel: Erdbeeren fühlen sich in (fast) jedem Gefäß wohl. Auch in Bezug auf Sonnenbedarf zeigen sie sich erstaunlich genügsam – wenn die Sorte stimmt!

ANBAU: Erdbeeren können auf (fast) jedem Naschbalkon heimisch werden. So können in einem Standard-Balkonkasten bis zu vier winterharte Erdbeer-Pflanzen Platz finden, je nach Sorte sollte zwischen ihnen ein Abstand von mindestens 25 cm sein. Für eine richtig üppige Ernte im Folgejahr sollten Sie die Erdbeeren bereits im Herbst setzen. Bei Pflanzung im April können Sie sich ebenfalls über leckere Beeren freuen, allerdings nicht ganz so viele. Bitte nicht zu tief pflanzen, die inneren Blätter müssen über der Erde stehen.

PFLEGE: Jedes Frühjahr mit einem Langzeitdünger für Beeren versorgen. Das ganze Jahr über gut feucht halten und mit Stroh mulchen. Das verringert die Verdunstung, und die Früchte bleiben sauber. Im Spätsommer welke Blätter abschneiden. Lässt der Ertrag nach 2–3 Jahren nach, neue Erdbeeren in frische Erde pflanzen.

SORTEN: Für den faulen Naschbalkon sind mittelzehrende Monatserdbeeren, die keine Ausläufer bilden, ideal. Dazu gehören 'Hummi®Merosa', 'Ostara' oder 'Rügen'. Mit weniger Sonne kommen Walderdbeeren aus. Für eine Ampel eignen sich Hänge- oder Klettererdbeeren wie 'Hummi® Klettertoni'. Wer vor allem im Sommer ernten möchte, setzt auf Klassiker wie 'Elsanta®'.

ERNTE: Regelmäßig die vollroten Erdbeeren mitsamt dem Fruchtkelch abzupfen.

EXTRA-TIPP: Bei Platzmangel die Erdbeeren in separaten Töpfen auf die Erde um den Stamm von Obstbäumen stellen. Sorten mit unterschiedlicher Reifezeit sichern fortlaufende Ernte.

Die beste Art, um an saftige Früchte sowie leckere Vitamine und wertvolle Mineralstoffe zu kommen!

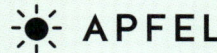 APFEL

Malus domestica

ANBAU: Wichtig für den Apfel ist ein ausreichend großes Pflanzgefäß, das mindestens 30 Liter fasst. Nach einigen Jahren wird in einen deutlich größeren Topf umgepflanzt. Auf gute Dränage am Topfboden achten. Zur Stabilisierung des Stamms trägt ein Pfahl bei. Den Apfelbaum am besten im Herbst einpflanzen, und zwar so tief setzen, wie er vorher im Topf gestanden hat.

PFLEGE: Bei der Pflanzung Langzeitdünger für Obstgehölze in die Erde einarbeiten. Bewährte Sorten müssen so gut wie nicht geschnitten werden, evtl. muss man Seitentriebe auf 10–15 cm zurückschneiden. Im Frühling mit Langzeitdünger versorgen, Anfang Juli bis August einmal nachdüngen. Die Apfel-Minis haben leider nur eine Lebensdauer von gut zehn Jahren, dann müssen sie durch ein neues Bäumchen ersetzt werden.

SORTEN: Wählen Sie selbstbefruchtende und widerstandsfähige Säulenbäume wie 'Rondo', 'Goldlane', 'Sonate', 'Freiherr von Berlepsch', 'Suncats'. Ein zweiter Baum erhöht aber in jedem Fall die Ernteausbeute durch bessere Befruchtung.

ERNTE: Zwischen August und Oktober, je nach Sorte. Lassen sich die Früchte leicht vom Stiel abdrehen, sind sie erntereif.

EXTRA-TIPP: Nicht wundern: Manche Apfelbäume neigen dazu, in einem Jahr sehr viel zu tragen und im kommenden weniger Früchte auszubilden. Praktisch sind Exemplare, bei denen mehrere Sorten an einem Baum wachsen. Das sorgt für viele bunte Farbkleckse, und man kann unterschiedliche Äpfel ernten.

Klassische Säulenformen bilden kaum Seitentriebe aus, die Früchte sitzen direkt am Leittrieb. Äpfel mögen's sonnig. Im Schatten lässt der Ertrag spürbar nach.

 SONNE | 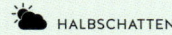 HALBSCHATTEN | 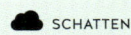 SCHATTEN

☀️ ⛅ HIMBEERE

Rubus idaeus

ANBAU: Die Pflanzen im Herbst oder Frühjahr in Kübel mit ca. 25 Liter Fassungsvermögen setzen, beerentaugliche Erde verwenden, auf Dränage achten, windgeschützt stellen.
PFLEGE: Gut feucht halten. Eine Mulchschicht aus Rindenhumus oder Stroh bewahrt vor Austrocknen und Kälte. Schnitt siehe Seite 63. Im Winter gut einpacken und mulchen.
SORTEN: 'Lowberry® Little Red Princess®' und 'Baby Dwarf®' bleiben klein, besitzen teilweise keine Stacheln. Noch weniger Platz brauchen Säulen-Himbeeren 'TwoTimer® Sugana®', die zweimal im Jahr für Naschernte sorgen.
ERNTE: Reif, wenn sich die Beeren leicht lösen.
EXTRA-TIPP: In windigen Lagen anbinden.

☀️ ⛅ HEIDELBEERE

Vaccinium corymbosum

ANBAU: Gedeiht bevorzugt in saurer Erde, deshalb nur Substrate und Dünger für Moorbeetpflanzen verwenden, Kübel mit Mindestdurchmesser von 40 cm verwenden, am Boden Dränageschicht einbringen. Im Spätsommer pflanzen, dann hat man im nachfolgenden Jahr gute Ernteaussichten, sonst im Frühjahr. Von Vorteil ist ein windgeschützter Standort.
PFLEGE: Stets feucht halten, Staunässe vermeiden, mit Rinde oder Stroh mulchen. Regelmäßiger Rückschnitt der winterharten Pflanze nicht nötig. Im Winter Topf vor Frost schützen.
SORTEN: 'Brazel Berry® Jelly Bean®', 'Sunshine Blue®', 'Lowberry® Little Blue Wonder' bleiben kompakt im Wuchs.
ERNTE: Von Juli bis September laufend ernten!
EXTRA-TIPP: Die Beerensträucher sorgen rund ums Jahr für Hingucker am Balkon, da sie immergrünes Laub tragen.

☀️ ⛅ BROMBEERE

Rubus fruticosus

ANBAU: Der Topf sollte je nach Sorte 10–50 Liter Beerenerde fassen. Im März/April bepflanzen, auf Dränage achten.
PFLEGE: Die robusten, winterharten Brombeeren jeweils im Frühling und zum Ende der Blüte mit Beerendünger versorgen. Schnitt siehe Seite 63.
SORTEN: Für den Balkon sehr gut geeignet sind Säulen- und Zwergbrombeeren wie 'Navaho® BigandEarly', 'Lowberry® Little Black Prince®', 'Brazel Berry® Baby Cakes®'. Ideal für den Balkon sind Sorten, die keine Stacheln haben.
ERNTE: Von Juli bis in den Oktober hinein können Sie immer wieder naschen.
EXTRA-TIPP: Werden Ihnen die Ranken zu lang, dann kappen Sie sie einfach, das fördert die Ausbildung von Seitentrieben. Mit am Spalier gezogenen Brombeeren lässt sich für hübschen Sichtschutz sorgen. Topf im Winter gut einpacken.

☀️ BIRNE

Pyrus communis

ANBAU: Einen Kübel wählen, der mindestens 10 cm größer ist als der Pflanztopf und ein Volumen von 25 Litern hat. Im Spätherbst auspflanzen. Für stabilen Wuchs den Stamm an einem Holzstab fixieren.
PFLEGE: Düngen wie Apfel auf Seite 77, Schnitt auf Seite 63.
SORTEN: Bewährt haben sich selbstbefruchtende, robuste und platzsparende Säulenobst-Sorten wie 'Decora', 'Saphira', 'Obelisk®', 'Doyenné du Comice', 'Pirini® Myway®'. Süß und saftig schmecken die Zwergbirnen 'Condo' und 'Luisa'. Zwei Bäumchen verbessern die Befruchtungschancen.
ERNTE: Wenn sich die Früchte leicht vom Stil lösen lassen, sind sie reif. Je nach Sorten können Sie von Ende August bis in den November von den schmackhaften Birnen naschen.

ERDBEERTARTE

Sommer trifft Schoki

FÜR 6 STÜCKE
PRO STÜCK: 725 KCAL.
ZUBEREITUNGSZEIT: 15 MIN.
KÜHLZEIT: 15 MIN.

- **250 g** Erdbeeren
- **100 g** Butter
- **300 g** Schoko-Kekse
- **200 g** Vollmilchschokolade
- **100 g** Zartbitterschokolade (am besten 70 % Kakao-Gehalt)
- **150 g** Sahne

Außerdem:
kleine eckige Backform (20 × 20 cm)

1 Die Erdbeeren vorsichtig waschen, trocken tupfen, entkelchen und halbieren. Die Erdbeeren beiseitestellen.

2 Für den Tarteboden die Butter in der Mikrowelle oder einem Topf bei kleiner Hitze schmelzen. Die Schokoladenkekse in der Küchenmaschine fein zerkleinern und mit der Butter mischen. Die Mischung in die Backform drücken, sodass ein fester, glatter Boden entsteht.

3 Beide Schoko-Sorten grob hacken und in eine Schüssel geben. Die Sahne aufkochen und über die Schokolade gießen. Nach ca. 5 Min. mit dem Schneebesen rühren, bis eine gleichmäßige Masse entsteht. Die Schoko-Mischung auf den Kuchenboden gießen und glatt streichen. Die beiseitegestellten Erdbeeren darauf verteilen. Die Erdbeertarte vor dem Servieren 10–15 Min. im Tiefkühlfach kalt stellen.

TIPP: Für einen superschnellen weißen Kuchenguss 300 g weiße Schokolade hacken, 125 g Sahne aufkochen, darübergießen. Etwa 3 Min. stehen lassen, dann mit einem Schneebesen glatt rühren. Mit einem Löffel auf die Tarte verteilen.

BRUFFINS MIT BEEREN

Wenn Brioche auf Muffin trifft, dann wird's richtig heiß

1 Dose Briocheteig mit Schokolade (aus dem Kühlregal; z. B. Knack und Back; 240 g)
100 g Doppelrahm-Frischkäse
2 Pck. Vanillezucker
50 g Beeren (beispielsweise Himbeeren oder Heidelbeeren)
6er Muffinform
4 Papierförmchen

FÜR 4 BRUFFINS
PRO STÜCK: 290 KCAL.
ZUBEREITUNG: 10 MIN.
BACKZEIT: 10 MIN.

1 Den Backofen auf 200 °C vorheizen. Den Teig aus der Packung nehmen und in vier Portionen teilen. Vier Muffinförmchen mit den Papierförmchen auslegen. Die Brioche-Teigstücke in die Förmchen geben und im heißen Ofen (Mitte) ca. 15 Min. backen.
Die Stücke nach dem Backen leicht abkühlen lassen. Inzwischen mit den Rührbesen des Handrührgerätes den Frischkäse mit dem Vanillezucker verrühren und die Mischung in einen Spritzbeutel füllen.

2 Die Beeren vorsichtig waschen und trocken tupfen. Die abgekühlten Bruffins in der Mitte aufschneiden. Die Frischkäsemischung jeweils auf die untere Hälfte der Bruffins spritzen und die Beeren darauf verteilen. Dann den »Deckel« wieder aufsetzen.

TIPP: Noch schneller geht es, wenn Sie die Bruffins nur mit Schoko-Creme füllen. Dafür einfach 100 g Frischkäse mit 1 EL Haselnuss-Nugat-Creme verrühren.

FRUCHTIGE FREUDEN

FERNÖSTLICHES FEELING

Sitzmöbel aus Bambus und dazu viel Grün: Man braucht nicht viel, um asiatisches Lebensgefühl zu zaubern. Mit Thai-Basilikum, Chilis und Wasabi-Rauke gesellen sich die passenden Naschpflanzen dazu.

Das Schöne an den Zutaten für einen asiatisch angehauchten Naschbalkon ist unter anderem, dass sie von Frühling bis in den Sommer hinein langsam wachsen und gedeihen können. Es muss nicht immer alles gleich von heute auf morgen passieren – machen Sie es wie Buddha und üben Sie sich in Entschleunigung. Sie werden sehen, wie entspannend das ist.

LANGSAM HERANTASTEN

Als Erstes findet im zeitigen Frühjahr der Asia-Salat (siehe Seite 85) den Weg auf den Naschbalkon. Unkomplizierter geht es kaum: Mehr als ein Saatband mit einer fertigen Mischung und einen Balkonkasten braucht man nicht, um schon nach wenigen Wochen die ersten Blätter zu ernten. Zeitgleich werden Frühlingszwiebeln draußen gesät. Bei ihnen heißt es nach der Saat länger warten: In drei Monaten sind sie erntereif, Schlote kann man schon früher genießen.
Wasabi ist ein absoluter Klassiker in der asiatischen Küche. Wesentlich einfacher zu kultivieren als die Wasabi-Wurzel ist die Wasabi-Rauke (siehe Seite 84). Aber Vorsicht: Ältere Blätter schmecken sehr intensiv, also lieber in jungem und knackigem Zustand verputzen.
Sobald sich die ersten warmen Abende ankündigen, dürfen Duftkerzen nicht fehlen. Sie wetteifern mit dem Aroma des Thai-Basilikums (siehe Seite 85) um die Wette. Ein sonniger Platz, und schon sprießt das Kraut bis in den Herbst hinein. Bitte sorgsam beernten, indem Sie die Triebe direkt oberhalb einer Blattachsel abzupfen.
Thailändische oder koreanische Speisen wären ohne die pikante Schärfe von Chilis (siehe Seite 86) einfach undenkbar! Allerdings brauchen die

Frühlingszwiebeln und Schnittsellerie dürfen auf dem Asia-Balkon nicht fehlen.

Lust auf Asia-Gemüse? Vieles, was dazugehört, können Sie problemlos auf Ihrem Balkon anpflanzen. Und klar, dass das Aroma dieser Naschpflanzen einfach unübertroffen ist. Es geht eben nichts über frisch geerntet!

Schoten unbedingt einen sonnenverwöhnten Standort und einiges an »Kraftfutter«, um ihre Schärfe entwickeln zu können. Experimentierfreudige Gärtner lieben diese Pflanze, denn es gibt unzählige Sorten, die sich in punkto Schärfe, Farbe und Form äußerst vielseitig zeigen. Wer weiß, vielleicht wird Ihr Naschbalkon früher oder später ja zum Chili-Balkon?

Ein weiterer Klassiker, von den einen geliebt und von den anderen verschmäht: der Koriander. Kaum ein anderes Kraut polarisiert so sehr wie die Petersilie der asiatischen Küche. Ein echter Asia-Fan kommt aber um den Koriander (siehe Seite 84) eigentlich nicht herum. Da er im Anbau wahrlich einfach und unkompliziert ist, sollten Sie es einfach mal mit ihm probieren. Vielleicht werden Sie ja Freunde.

ENTSPANNUNG PUR

Nun aber genug mit Pflanzen, jetzt wird der Mini-Tempel am Balkon noch mit weiteren Accessoires, etwa mit Sitzkissen, bestückt. Vielleicht haben Sie ja vom Yoga noch ein paar Utensilien, die für einen asiatischen Abend mit auf den Balkon wandern können. Oder wie wäre es, gleich die ganze Yogastunde ins Freie zu verlagern? Augen zu und meditieren: Räucherstäbchen, ein Windspiel und der Duft der Pflanzen, die Sie umgeben, bringen Sie im Nu in andere Sphären. Die leckere Asia-Suppen-Bowl (Rezepte Seite 88) genießen Sie natürlich aus dem passenden Tafelgeschirr im Reiskornmuster und dem großen Löffel aus zartem Porzellan. Das Gericht ist für kühle Abende genau das Richtige, denn es heizt von innen ganz schön ein.

ASIATISCHES FLAIR

Vielfältige Aromen – exotische Düfte!

☀ ⛅ KORIANDER

Coriandrum sativum

ANBAU: Vorgezogene Jungpflanzen direkt in ein mit Kräutererde gefülltes Gefäß setzen, Aussaat mit Saatscheibe ab Anfang Mai, Saatgut etwa 1 cm mit Erde bedecken. Verträgt sich gut mit Petersilie, Schnittlauch und Basilikum.
PFLEGE: Die Erde des Schwachzehrers nicht austrocknen lassen, sonst kommt es schnell zu Blütenbildung, was wiederum zu Geschmackseinbußen führt.
SORTEN: 'Cilantro', 'Leisure', 'Santo'.
ERNTE: Blätter und Triebe sind nach 6–8 Wochen erntereif, Blüten und Samen können ebenfalls verwendet werden. Zum Haltbarmachen Samenstände direkt an der Pflanze trocknen lassen, dann Samen ernten und im Winter zum Würzen nutzen.

☀ ⛅ WASABI-RAUKE

Diplotaxis erucoides

ANBAU: Von März bis August Saatgut der ganz schön scharf nach Meerrettich schmeckenden Würzpflanze direkt in Pflanzbehälter mit gut mit Nährstoffen versorgter Erde geben, Samen leicht mit Erde bedecken, Reihenabstand ca. 15 cm. Die Wasabi-Rauke kommt auch als Jungpflanze auf den Balkon.
PFLEGE: Gut feucht halten, dann bleiben die Blätter zarter.
ERNTE: Wer kein Saatgut ernten will, schneidet immer die Spitzen und damit den Blütenansatz heraus.
EXTRA-TIPP: Die Wasabi-Rauke verträgt auch Halbschatten, dann schmecken die Blätter deutlich milder. Passt auch gut aufs Butterbrot!

☀ ⛅ ASIA-SALAT

Brassica juncea, Brassica rapa

ANBAU: Die Aussaat erfolgt direkt in Topf oder Kasten, am unkompliziertesten geht's mit einem Saatband zwischen März und November. Der Reihenabstand sollte etwa 10 cm betragen, nach der Ernte einfach immer wieder nachsäen.
PFLEGE: Der Schwachzehrer muss nicht gedüngt werden, gute Wasserversorgung sorgt dafür, dass die Blätter schmackhaft und zart bleiben.
SORTEN: Saatbänder mit einer Asia-Salat-Mischung wie 'Oriental Mix' verwenden oder einzelne Sorten wie 'Red Giant', 'Green in Snow', 'Mizuna' oder 'Amsoi'.
ERNTE: Nach 5–6 Wochen ist der Asia-Salat erntereif, nach dem Schnitt kann noch ein- bis zweimal nachgeerntet werden.
EXTRA-TIPP: Auch wenn der Asia-Salat zur Blüte kommt, sind die Blätter noch gut verwendbar. Prima lassen sie sich dann beispielsweise noch als Wokgemüse zubereiten.

☀ THAI-BASILIKUM

Ocimum basilicum var. *thyrsiflora*

ANBAU: Mit Saatband oder Samen das Thai-Basilikum direkt im Kasten ab Ende Mai ausbringen. Bitte nicht mit Erde abdecken, nur angießen. Die Gewürzpflanze ist ein Lichtkeimer. Sie können auch eingetopfte Jungpflanzen kaufen, diese am besten direkt nach dem Kauf teilen und in Kräutererde umtopfen.
PFLEGE: Basilikum braucht volle Sonne und steht gerne warm und windgeschützt. Gleichmäßig feucht halten.
SORTEN: Besonders gut für Faule geeignet sind die Sorten 'Siam Queen', 'Purple Stem' und 'Purple Crown'.
ERNTE: Schere direkt über einer Blattabzweigung ansetzen. Möglichst lange Triebe abschneiden.
EXTRA-TIPP: Die Blüten sind bei Insekten sehr beliebt und sehen ausgesprochen hübsch aus.

☀ CHILI

Capsicum frutescens

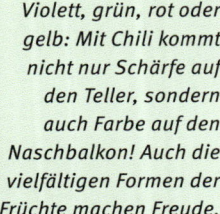

Violett, grün, rot oder gelb: Mit Chili kommt nicht nur Schärfe auf den Teller, sondern auch Farbe auf den Naschbalkon! Auch die vielfältigen Formen der Früchte machen Freude.

ANBAU: Jungpflanzen des wärmebedürftigen Starkzehrers in nährstoffreiche Erde setzen, sie können ab Mitte Mai auf dem Balkon wachsen. Möglichst in einer warmen Periode nach draußen bringen, vorsichtig an Wind und Sonne gewöhnen, am besten an einem windgeschützten, warmen Platz. Der Abstand zu anderen Pflanzen sollte später ca. 40 cm betragen, gut ist ein Topf mit mindestens 5 Liter Fassungsvermögen.

PFLEGE: Im Sommer reichlich mit Dünger versorgen, ideal eignet sich dazu Tomatendünger in etwas geringerer Konzentration. In späten Kältephasen die Chili ins Haus holen, unter 15 °C wachsen sie nicht mehr. Die Chili gut gießen, sie mögen ab und zu auch Nässe von oben, da sie hohe Luftfeuchtigkeit schätzen. Für Staunässe haben sie allerdings wenig übrig. Mit hängenden Blättern machen die Chili dem Balkongärtner selbst klar, wann Wassernachschub erwünscht ist. Spätestens wenn die Pflanzen Früchte angesetzt haben, sollten sie einen stützenden Stab bekommen, an dem die Triebe festgebunden werden.

SORTEN: Schwarze Mini-Schoten: 'Royal Black'. Unterschiedliche Farben an einem Strauch bietet 'NuMex Twilight'. Richtig scharf: 'Patio Fire', 'Hot Burrito', 'Apache'.

ERNTE: Erste Ernte von grünen Früchten ab Juli möglich, nach weiteren 3–4 Wochen vollreife Früchte in Rot, Schwarz, Violett oder Gelb.

EXTRA-TIPP: Keine Zeit zum Verarbeiten? Einfach die Chili-Schoten auf eine Schnur auffädeln, trocknen lassen und im Winter zu Gewürzmischungen verarbeiten.

☀ ⛅ WINTERHECKENZWIEBEL

Allium fistulosum

ANBAU: Diese mehrjährige Lauchzwiebel wird im März/April oder im Oktober in Töpfe gepflanzt. Der Vorteil gegenüber anderen Frühlings- oder Lauchzwiebeln ist, dass sie mehrjährig ist und viele Jahre im selben Topf wachsen kann. Am besten durchlässige Kräutererde verwenden. Geerntet werden die langen, dünnen Röhrenblätter von März bis November.
PFLEGE: Boden mäßig feucht halten, sonst gerät das Wachstum ins Stocken.
SORTEN: Meist wird die reine Art kultiviert.
ERNTE: Schon nach 4–6 Woche erntereif, die äußeren rund 15 cm langen Blätter mit einer scharfen Schere abschneiden. Danach braucht die Pflanze ein paar Wochen zur Erholung.
EXTRA-TIPP: Ein guter Lückenfüller in Gefäßen, verträgt sich gut mit Erdbeeren, Salat und Kapuzinerkresse.

☀ ⛅ SCHNITTKNOBLAUCH

Allium tuberosum

ANBAU: Das Gewürzkraut mit dem milden Knoblauchgeschmack als Jungpflanze im Mai in nährstoffreiches Substrat setzen. Auf gute Dränage achten. Verträgt sich gut mit Petersilie, Schnittlauch und Kapuzinerkresse.
PFLEGE: Dem mehrjährigen Mittelzehrer einmal jährlich Langzeitdünger geben. Gut gießen, aber Staunässe vermeiden.
SORTEN: Klein und kompakt wächst 'Kobold'. Schöne Blüten bringt der 'Rosa Schnittknoblauch' hervor.
ERNTE: Kann ganzjährig geerntet werden, je häufiger geschnitten wird, desto üppiger wächst er nach. Röhren dafür etwa 1 cm über der Erde abschneiden.
EXTRA-TIPP: Die hübschen Blüten lassen sich als essbare Deko in Salaten und auf dem Abendbrot verwenden.

ASIA-SUPPEN-BOWL

Einheizer mit Rindfleisch und Koriander

FÜR 2 PERSONEN
PRO PERSON: 515 KCAL.
ZUBEREITUNGSZEIT: 22 MIN.

- 200 g Rindfleisch
- 1 Knoblauchzehe
- 1 kleines Stück Ingwer
- 1 TL Fischsauce
- 2 EL Sojasauce
- frisch gemahlener Pfeffer
- 2 EL Sesamöl (oder Rapsöl)
- 1 EL Limettensaft
- 2 EL heller und dunkler Sesam
- 80 g Mie-Nudeln
- Salz
- 120 g Chinakohl
- 2 Möhren
- 1 Handvoll Mungobohnensprossen
- 1 EL Erdnusskerne
- 1/2 Bund Koriander
- 400 ml Gemüsebrühe

1 Das Rindfleisch in dünne Scheiben schneiden. Die Knoblauchzehe und den Ingwer schälen und mit Fisch- und Sojasauce, Pfeffer, Öl und Limettensaft pürieren. 1 EL Sesam unterrühren und das Rindfleisch darin bis zur Verwendung im Kühlschrank marinieren.

2 Die Mie-Nudeln nach Packungsangabe in kochendem Salzwasser garen, kalt abschrecken und abtropfen lassen.

3 Chinakohl putzen, waschen und in feine Streifen schneiden. Die Möhren putzen, schälen und fein stifteln. Die Sprossen kalt abbrausen und gut abtropfen lassen. Die Erdnüsse fein hacken. Den Koriander waschen, trocken schütteln und samt Stielen grob hacken. Die Brühe erhitzen.

4 Das Rindfleisch in einer Pfanne mitsamt der Marinade ca. 2 Min. bei starker Hitze braten, wenden und kurz weiterbraten.

TIPP: Zum Anrichten die Nudeln auf zwei Schüsseln verteilen, Chinakohl, Möhren, Sprossen sowie Fleisch daraufgeben und die Brühe angießen. Die Bowls mit Erdnüssen, Koriander und restlichem Sesam bestreuen und sofort servieren.

AUF EIN GLAS AUF MEINEM BALKON

Smoothies, aromatisiertes Wasser, Tee oder ein Longdrink mit Frischekick: Mit diesen Kräutern wird der Balkon zur angesagtesten Szene-Bar im Viertel oder zur ebenso beliebten Saftschenke.

Nach einem langen Arbeitstag noch einen kurzen Absacker mit Freunden? Nichts lieber als das, denn ab nun kommen die Kollegen einfach mit zu Ihnen auf den Balkon. Dort werden Sie zum begnadeten Barkeeper und kredenzen aus Ihrem vielseitigen Minzeangebot köstliche Absacker. Aber auch eine kopfschmerzfreie Variante ist mit Ihren Balkonkräutern drin. Stellen Sie doch einfach eine Wasserkaraffe mit einem Zweig Zitronenverbene auf den Tisch – schon ist die aromatische Erfrischung fertig.

AN DER QUELLE

Natürlich darf das richtige Ambiente für den Getränkegenuss nicht fehlen. Je nachdem, ob Sirupverkostung oder Tee-Tasting, wird der Balkon mal mit Lampions, Wimpelkette und den Zutaten aus der Hausbar zum Outdoor-Club oder mit gesunden Wässerchen und frischen Kräutern zur Detox-Lounge.

Wie wäre es denn mit dem Motto »Minze« für die Verkostung? Schon ab Mai steht sie in den unterschiedlichsten Variationen bereit, von Schoko- und Apfel- bis Zitronenminze ist das Angebot echt breit gefächert. Allen Minzen ist gemeinsam, dass sie ein ausgedehntes Wurzelwerk ausbilden und in kürzester Zeit den kompletten Balkonkasten für sich einnehmen. Deshalb ist es meist besser, ihnen eine Einzimmerwohnung zu reservieren und sie nicht mit anderen Pflanzen zusammenzustecken.

Im Sommer, wenn die ätherischen Öle dank der Kraft der Sonne auf ihrem Höhepunkt sind, ist das Geschmackserlebnis Minze perfekt. Nun kön-

Einfach klasse, wie lecker Wasser schmeckt, das mit Kräutern aromatisiert worden ist!

Wo die bunten Wimpel wehen, ist die Balkonbar eröffnet! Das lassen sich Freunde nicht entgehen!

nen Sie die frischen Triebe entweder direkt verarbeiten oder aber die Kräuterbüschel zum Trocknen aufhängen und in den kalten Wintermonaten Tee daraus kochen. Oder Sie bereiten einen Ingwer-Minz-Sirup (siehe Seite 94) zu, den man auch am Baggersee genießen kann.

FRUCHTIGE GENÜSSE

Ist es ab Mitte/Ende Mai zuverlässig warm geworden, kommt ein weiterer Aromakünstler auf den Naschbalkon: die Zitronenverbene. Sie kann am richtigen Standort (siehe Seite 92) zu Höchstleistungen auflaufen und von der kleinen Jungpflanze zu einem großem Strauch heranwachsen. Damit Sie möglichst lange Freude an dem duftenden Kraut haben, ist das richtige Überwintern das A & O. Selbst wenn Ihr Naschbalkon in gemäßigten Gefilden beheimatet ist, muss die Zitronenverbene ab November ins Winterquartier geholt werden. Erschrecken Sie nicht, wenn sie dort ihre Blätter komplett abwirft, die treiben im Frühling dann wieder aus. Die Zitronenverbene ist ein Alleskönner zum Aromatisieren von Tee, Sirup und Wasser. Die Blätter lassen sich auch als essbare Deko auf Muffins oder Eis verwenden.

Ein weiteres Pflänzchen, das sich prima für fruchtige Getränke eignet, ist der Ananas-Salbei. Er bringt tropisches Feeling auf den Naschbalkon. Streifen Sie doch mal über die Blätter – schon breitet sich ein leicht süßlicher Duft aus, der stark an eine vollreife Ananas erinnert. Schon allein vom Geruch her ist klar, dass sich diese Pflanze vor allem für süßliche Getränke oder aber als Beigabe in fruchtigen Nachspeisen anbietet. Vor dem ersten Frost sollte man den Ananas-Salbei wie die Zitronenverbene hereinholen und im Haus an einen kühlen, hellen Platz zum Überwintern stellen. Im Winter nur mäßig gießen, aber nicht austrocknen lassen. Nach dem Winter eventuell um die Hälfte einkürzen.

MEIN RELAX-TIPP

Wie wäre es denn mit einem Balkon im Karibik-Look? Im Deko-Bedarf finden sich Lichterketten, Servietten, Sitzkissen und sogar Eiswürfelformen mit diesem Motiv. Nun noch zwei, drei echte Ananasfrüchte verteilen und schon ist der Mottobalkon fertig!

COCKTAIL-KRÄUTER

Aromatische grüne Zugaben für Balkon und Glas

☀️ ⛅ ZITRONENVERBENE

Aloysia citriodora

ANBAU: Jungpflanzen ab Mitte Mai in einen Topf mit durchlässiger Kübelpflanzenerde setzen. Bei guter Wasserversorgung kann sie an einem sonnigen Platz stehen, sonst reicht ihr auch Halbschatten. Mit Langzeitdünger versorgen.
PFLEGE: Einmal jährlich am Ende der Vegetationszeit auf ein Drittel zurückschneiden. Der mehrjährige Strauch verträgt keinen Frost und ist nicht winterhart. Wirft während des Überwinterns oft sämtliche Blätter ab, treibt im Frühjahr wieder aus.
SORTEN: 'Orangenverbene' und die reine Art.
ERNTE: Einzelne Blätter oder ganze Triebe abschneiden.
EXTRA-TIPP: Stängel abschneiden und damit kaltes Wasser aromatisieren. Sehr erfrischend!

☀️ ANANAS-SALBEI

Salvia rutilans

ANBAU: In Kübel mit 5 Liter gut nährstoffversorgter Kübelpflanzenerde pflanzen, Staunässe unbedingt vermeiden.
PFLEGE: Vor starker Mittagssonne schützen, Erde immer gut feucht halten. Im Frühling in der Wachstumsphase den Mittelzehrer regelmäßig mit Dünger versorgen. Muss zum Überwintern nach drinnen gebracht werden.
SORTE: 'Pineapple Scarlet'
ERNTE: Einzelne Blätter oder ganze Stängel von Juni bis Oktober ernten. Dadurch bleibt die Pflanze schön kompakt.
EXTRA-TIPP: Dekorativ sehen die wunderschönen roten Blüten aus, die sich ab September zeigen.

☀️ ⛅ MINZE

Mentha spec.

ANBAU: Jungpflanzen in einem ca. 5 Liter fassenden Topf mit nährstoffreicher Erde kultivieren. Normalerweise gibt es Minzen ab April in den Gartencentern zu kaufen. Da sie zu starker Wurzelbildung und Ausbreitung neigen, am besten einzeln pflanzen. Gute Wasserversorgung ist Pflicht, ein Gefäß mit Wasserreservoir bietet sich auf dem Balkon an, das spart viel Gießaufwand.

PFLEGE: Den Boden stets gut feucht halten, regelmäßiges kräftiges Schneiden tut der Pflanze gut und hält dazu ihr rasantes Wachstum im Zaum. Ein jährliches Umtopfen im Frühjahr in nährstoffreiche Erde bekommt Minze hervorragend. Vor dem Winter Topf mit Vlies ummanteln.

SORTEN: Die Vielfalt der Minzen ist unglaublich groß. Die Gruppe der Pfefferminze *(Mentha × piperita)* hat einen pfeffrig-scharfen Geschmack dank des hohen Mentholgehalts. Viel sanfter sind die Ähren-Minzen *(Mentha spicata)*, die weniger Menthol enthalten. Tolle Suppen, Saucen und Getränke lassen sich aus allen zubereiten. Probieren Sie es beispielsweise mal mit Folgenden: Schoko-Minze, Mojito-Minze, Apfel-Minze, Zitronen-Minze, Marokkanische Minze, 'Hemingway-Minze', für einen Mini-Teich am Balkon ist auch Wasser-Minze geeignet. Hängende Sorte für Blumenampel: 'Indian Mint'.

Kaum ein anderes Kraut gibt es in so vielen Arten und Sorten wie die Minze! Jede duftet ein wenig anders – holen Sie sich einfach mal ein paar Variationen auf den Balkon!

ERNTE: Minzen direkt über den Blattachseln abschneiden. Regelmäßiges Abzupfen regt die Pflanze zum Wachsen an.

EXTRA-TIPP: Ruhig auch mal einige Triebe zur Blüte kommen lassen! Darüber freuen sich Bienen und profitieren ebenfalls vom Naschbalkon.

☀️ SONNE ⛅ HALBSCHATTEN ☁️ SCHATTEN

INGWER-MINZ-SIRUP

Zum Süßen und Verfeinern von Wasser und Dessert

FÜR 25 PORTIONEN À 10 ML
ZUBEREITUNGSZEIT: 10 MIN.
ZIEHZEIT: 2 WOCHEN
PRO PORTION CA. 30 KCAL.

- **1 daumengroßes Stück** Ingwer (40 g)
- **2 Stiele** Pfefferminze
- **1 Stängel** Zitronengras
- **250 ml** Agavendicksaft (ersatzweise Ahornsirup)

Außerdem:
- 1 Glasflasche mit luftdichtem Verschluss oder 1 Twist-off-Glas (ca. 250 ml Inhalt, sterilisiert)

1 Den Ingwer schälen und in dünne Scheiben schneiden. Die Minze waschen und trocken tupfen. Das Zitronengras waschen und mit einem Messerrücken zerdrücken, die Stange so zuschneiden, dass sie in die Flasche bzw. das Twist-off-Glas passt.

2 Den Agavendicksaft lauwarm erwärmen. Ingwer, Minzestiele und Zitronengras in die Flasche bzw. das Glas geben und mit dem Agavendicksaft aufgießen. Das Gefäß verschließen und an einem warmen Ort (z. B. auf der Fensterbank) 2 Wochen ziehen lassen.

3 Danach die Kräuter und Gewürze entfernen, den Sirup nach Belieben durch ein Sieb gießen und wieder in eine sterilisierte Flasche bzw. ein sterilisiertes Glas geben. Den Sirup können Sie gut verschlossen sowie kühl, dunkel und trocken gelagert einige Jahre aufbewahren. Nach dem Öffnen in den Kühlschrank stellen.

TIPP: Der Sirup ist in Nullkommanichts zubereitet, und zwar ganz ohne Industriezucker. Den Sirup mit Mineralwasser aufgießen oder ihn über Joghurt und Quark träufeln.

MEDITERRANE GENÜSSE

Der Alltag hat Sie in seinen Fängen, aber weit und breit kein Urlaub in Sicht? Dann holen Sie sich doch eine Mini-Auszeit und südliche Genüsse ganz einfach zu sich auf den Balkon!

Tasten Sie sich allmählich an die südländischen Genüsse heran! Beginnen Sie mit dem Anbau von Rucola und Spinat (siehe Seite 101), die sind feste Bestandteile der spanischen oder italienischen Küche und machen sich hervorragend zu Pizza, Pasta oder Salat. Nähert sich der Sommer, dann machen Sie Pause mit dem Salatanbau und widmen sich stattdessen dem Anbau von wärmeliebenden Kräutern und Tomaten, die auch zu den überzeugten Sonnenanbetern gehören. Ehe Rucola und Spinat zu schießen anfangen oder hart werden, wandern die Blätter einfach in den Smoothie, dann haben Sie Energie für neue Pflanzaktionen.

PASSENDES AMBIENTE

Damit sich Ihre Kräuter so richtig wohlfühlen, können Sie Ihnen das passende Ambiente schaffen. Denken Sie mal an den letzten Urlaub zurück: Blickt man an den Hausfassaden nach oben, so sieht man dort mit Töpfen behängte Balkongeländer. Das ist der Platz, an dem sich auch bei uns Rosmarin, Thymian und Oregano pudelwohl fühlen. Dort kommen sie besonders auf einem nach Süden weisenden Balkon in den maximalen Wärme- und Lichtgenuss. Gut möglich, dass Sie an heißen Tagen sogar für ein wenig Schatten sorgen müssen! Die Trockenheit sollten der Oregano und seine Freunde aber gut verkraften können, außer ein wenig Dünger ganz zu Anfang brauchen die Asketen keine Nahrung. Staunässe können die Mediterranen allerdings nicht ausstehen, für eine entsprechende Dränage sollte man sorgen, besonders wenn der Balkon

Die leckeren kleinen Cocktailtomaten sind zum Zugreifen im Vorübergehen wie geschaffen.

von oben nicht vor Regen geschützt ist. Nur vor dem Winter brauchen die Kräuter dann wieder ihre Aufmerksamkeit, denn die Wärmeliebhaber möchten doch ein wenig Kälteschutz bekommen (siehe Seite 116).

BESONDERE SORTEN

Ganz und gar keine Asketen sind die Tomaten: Sie sind ebenfalls echte Südländer, stehen aber auf Nährstoffe satt. Ohne Dünger geht hier gar nichts! Damit sich die Arbeit dennoch in Grenzen hält und keine XXL-Kübel inklusive Erde ohne Ende auf den Balkon geschleppt werden müssen, bieten sich Naschsorten (siehe Seite 100) an. Diese Züchtungen wachsen nicht in unendliche Höhen, sondern bleiben kompakt und buschig. Dennoch liefern sie einen zuverlässig hohen Ertrag. Der Biss in die erste reife Tomate des Jahres ist Glück pur und macht so entspannt wie ein Tag am Strand. Bestimmt ist am Topfboden noch Platz für das aromatische Basilikum, das gut mit den Tomaten harmoniert.

LECKERE PARADEISER

Tomaten und Basilikum – diese Kombination verlangt ja geradezu nach einem Salat, zu dem sich auch noch der Mozzarella gesellt. Oder Sie bereiten ohne jeglichen Aufwand ein Käsebrot der Extrakasse, dessen Rezept wir Ihnen auf Seite 102 vorstellen. Alternativ packen Sie die leckeren Cocktailtomaten in eine Sugo, die ihren herzhaften Geschmack bestimmt bestens zur Geltung bringt (siehe Seite 103). Haben Spaghetti jemals besser geschmeckt? Am besten genießt man sie natürlich direkt auf dem Balkon, umweht von dem herrlichen Aroma der mediterranen Kräuter. Einfach die Augen schließen und träumen – einfacher und unkomplizierter ist Bella Italia nicht in Reichweite zu bekommen.

Egal ob in Rot, Gelb oder Grün: Paprika und Tomaten schmecken in allen Farben.

HOCH LEBE »LA FAMILIA«

Ein Lebensstil wie im Süden – das ist ohne ganz viel Familie und Freunde einfach nicht möglich, denn sie stehen im Mittelpunkt aller Aktivitäten und gemeinsamen Unternehmungen. Machen Sie es doch genauso und rücken Sie mal ganz unkompliziert und spontan die Kräuter beiseite und improvisieren Sie ein wenig. Der Liegestuhl wird ganz einfach zusammengeklappt und in die Ecke geschoben. An seine Stelle treten ein Bistrotisch und die dazu passenden Stühle. Sehen Sie: Schon passen mehr Menschen als je gedacht auf Ihren Naschbalkon, gegen Abend kann sich gerne noch eine Flasche Rotwein dazugesellen. Hier oben wird dann gelacht, gegessen, getrunken und das Leben genossen. Die Stimmung ist einfach perfekt!

URLAUBS-AROMA

Provence und Süditalien direkt vor der Balkontür!

☼ OREGANO

Origanum vulgare

ANBAU: Den Schwachzehrer draußen Mitte Mai in Kräutererde setzen. Kann im Abstand von 10–15 cm zu anderen schwachzehrenden, trockenheitsliebenden Kräutern stehen.
PFLEGE: Wenig Wasser, wenig Dünger, regelmäßig beernten. Werden stärkere Fröste erwartet, mit Wärmevlies abdecken.
SORTEN: Als Pizzagewürz ist der Griechische Oregano *(Origanum heracleoticum)* beliebt, es gibt auch attraktive gelblaubige Sorten wie 'Aureum Gold'.
ERNTE: Vor der Blüte ernten, danach schmecken die Blätter etwas bitter. Mit der Schere lange Triebe abschneiden.
EXTRA-TIPP: Wer keinen Platz zum Überwintern hat, kultiviert den Einjährigen Majoran *(o. majorana)* ab März draußen.

☼ BASILIKUM

Ocimum basilicum

ANBAU: Mit Saatband oder Samen direkt in den Kasten ab Ende Mai, nicht mit Erde abdecken, nur angießen. Topfpflanzen teilen und dann in Kräutererde setzen.
PFLEGE: Meist einjähriger Mittelzehrer; mag es sonnig und windgeschützt. Für gleichmäßige Feuchtigkeit sorgen.
SORTEN: 'Genoveser', 'Zitronen-Basilikum', 'Dark Opal'. Für Faule zu empfehlen, da relativ trockenheitstolerant aufgrund kleiner Blätter: Griechisches Strauch-Basilikum.
ERNTE: Schere direkt über den Blattachseln, wo zwei Blätter sitzen, ansetzen. Dieses Vorgehen fördert ein buschiges und kompaktes Wachstum.

☀ ROSMARIN

Rosmarinus officinalis

ANBAU: Den Schwachzehrer als Topfpflanze kaufen und von Frühling bis Herbst in magerer Kräutererde kultivieren. Für guten Wasserabzug sorgen.
PFLEGE: Ein regelmäßiger, aber nicht zu starker Rückschnitt sorgt für kompakten Wuchs. Der Halbstrauch verholzt mit der Zeit und blüht schon ab März/April.
SORTEN: Nicht nur aufrechtwachsende Sorten wie die recht winterharten 'Arp' und 'Veitshöchheimer', auch Hängevarianten 'Prostatus' und 'Boule' sind spannend.
EXTRA-TIPP: Wenn Sie drinnen kein passendes Plätzchen zum Überwintern finden, sollten Sie den Topf gut in Wärmevlies einpacken und die oberirdischen Triebe mit Tannenreisig und Vlies abdecken. 'Arp' gilt als besonders winterhart, er kann normalerweise draußen überwintern.

☀ THYMIAN

Thymus vulgaris

ANBAU: Fürs Umtopfen der ab März gekauften Jungpflanzen Kräutererde verwenden. Verträgt sich gut mit Rosmarin, Salbei, Oregano. 15–30 cm Abstand zwischen den Pflanzen lassen.
PFLEGE: Staunässe und übermäßiges Gießen vermeiden, der Schwachzehrer braucht kaum Dünger. Triebe möglichst gleichmäßig einkürzen, damit der Strauch seine kompakte Form behält. Verblühtes ebenfalls entfernen.
SORTEN: Hübsch sieht langstieliger Kaskaden-Thymian aus, weißgrüne Blätter hat 'Silver Queen', goldgrüne die Sorte 'Aureus ', nicht fehlen darf schmackhafter Zitronen-Thymian.
EXTRA-TIPP: Das Aroma ist kurz vor der Blüte am stärksten. Vorher die Triebe einzeln oder büschelweise mit der Schere abschneiden. Überwinterung wie Rosmarin.

☀ TOMATE

Solanum lycopersicum

Ein Naschbalkon ohne Tomaten? Unvorstellbar, vor allem weil es so viele Sorten gibt. Von klein und dunkelrot bis länglich und lila gestreift ist bei den Früchten für jeden etwas dabei.

ANBAU: Ab Ende Mai können Sie Balkonsorten in 10–15 Liter fassende Behälter mit nährstoffreicher Tomatenerde pflanzen und möglichst sonnig und warm stellen. Gerne tiefer als bisher einpflanzen, so bilden sich am Haupttrieb zusätzliche Wurzeln, die die Pflanze mit Nährstoffen versorgen. Hochwüchsige Stabtomaten mit einer Stütze versehen. Ein regengeschützter Standort beugt Pilzkrankheiten vor, es gibt auch resistente Sorten.

PFLEGE: Die Starkzehrer werden ca. 4 Wochen nach dem Auspflanzen erneut mit Tomatendünger versorgt, die Frequenz ist von dessen Wirkungsdauer abhängig. Bei Trockenheit regelmäßig gießen. Bei Stabtomaten nach Ansetzen von fünf bis sechs Fruchtständen die Spitze kappen, bei Buschtomaten ist das nicht notwendig.

SORTEN: Das Angebot ist enorm groß, setzen Sie auf spezielle Balkon- und Ampelsorten, da diese pflegeleichter sind. Für Blumenampeln oder Hanging Baskets eignen sich die Sorten 'Rote Johannisbeere', 'Totem', 'Tumbling Tom Red'. Als Buschtomaten für Kübel bieten sich 'Vilma', 'Donna', 'Balkonstar' und 'Lizzano' an. Recht resistent gegen Kraut- und Braunfäule sind 'Philovita' und 'Dorenia'.

ERNTE: Je nach Sorte ist bereits Ende Juli eine erste Ernte möglich. Achten Sie bei der Sortenwahl auf unterschiedliche Reifezeit, so hat man den ganzen Sommer über Naschernte.

EXTRA-TIPP: Halten Sie auf Pflanzentauschbörsen oder in Raritäten-Gärtnereien Ausschau nach unterschiedlichen, robusten und farblich spannenden Sorten. Wer dazu keine Zeit hat, sieht sich in Online-Shops um.

☀ ⛅ SALATRAUKE, RUCOLA

Eruca sativa

ANBAU: Die Samen oder auch das Saatband ab Mitte März 1 cm tief direkt in Pflanzbehälter legen, mit Erde so tief bedecken, wie auf dem Etikett steht. Das Substrat in der Folgezeit gut feucht halten. Die Salatrauke kann man auch als Jungpflanze in Sets kaufen. Der Abstand zwischen den Reihen sollte 15–20 cm, in der Reihe 5 cm betragen.
PFLEGE: Der Schwachzehrer ist ausgesprochen anspruchslos, zu wenig Wasser führt allerdings zu Blütenbildung.
ERNTE: Schon nach ca. 5–6 Wochen ist die Salatrauke erntereif. Nur äußere Blätter pflücken, so kann lange geerntet werden. Nach der Blüte schmecken die Blätter hart und bitter.
EXTRA-TIPP: Die Salatrauke kann ganzjährig auch in der Wohnung auf der Fensterbank angebaut werden, solange sie nicht zu warm steht.

☀ ⛅ SPINAT

Spinacia oleracea

ANBAU: Spinat zwischen Ende Februar und April, dann wieder nach der größten Sommerhitze ab Juli bis September aussäen, der Reihenabstand sollte 20 cm betragen. Ein Saatband ist sinnvoll, da man leicht zu viele Samen ausbringt.
PFLEGE: Eine zu starke Düngergabe vermeiden, da sonst zu viel Nitrat im Blatt angereichert wird. Nitrat wird im Körper in das schädliche Nitrit umgewandelt, daher ist Spinat als Babykost nicht so gut geeignet.
SORTEN: 'Butterfly', 'Gamma', 'Matador', 'Verdil'.
ERNTE: Nach 6–8 Wochen erntereif. Einzelne Blätter oder die ganze Pflanze abschneiden. Nicht zu lange mit dem Verzehr warten, sonst werden die Blätter bitter.
EXTRA-TIPP: Die jungen Blätter schmecken gut im Salat, etwas ältere lassen sich in Smoothies verarbeiten.

☀ SONNE | ⛅ HALBSCHATTEN | ☁ SCHATTEN

MEDITERRANER AUFSTRICH

Käse-Tomaten-Basilikum-Mix aufs Brot

FÜR 4 PERSONEN
PRO PERSON: 180 KCAL.
ZUBEREITUNGSZEIT: 15 MIN.

- **1 EL** Pinienkerne
- **50 g** getrocknete Tomaten in Öl
- **1 große** Tomate (ca. 100 g)
- **2 Stiele** Basilikum
- **150 g** Ziegenfrischkäse
- **1 TL** Thymianblättchen
- Salz | Pfeffer

1 Die Pinienkerne in einer kleinen Pfanne ohne Fett rundherum goldbraun rösten, auf einen Teller geben und abkühlen lassen.

2 Die getrockneten Tomaten gut abtropfen lassen oder mit Küchenpapier trocken tupfen und fein würfeln. Die frische Tomate waschen, vierteln, dabei Stielansatz und Kerne entfernen. Das Fruchtfleisch fein würfeln. Das Basilikum waschen und trocken schütteln. Die Blätter abzupfen und mit einem scharfen Messer fein schneiden. Die gerösteten Pinienkerne grob hacken.

3 Den Ziegenfrischkäse glatt rühren. Basilikum, Pinienkerne, Thymian und getrocknete sowie frische Tomaten unterrühren. Den Aufstrich mit Salz und Pfeffer abschmecken. Passt zu Ciabatta.

TIPP: Sie können den Aufstrich auch mit losen getrockneten Tomaten machen. Damit sie schön weich werden und fein gewürfelt werden können, weichen Sie sie vorher ca. 15 Min. in heißem Wasser ein. Dann nochmals 15 Min. darin köcheln lassen. Abgießen und in kleine Stücke schneiden.

TOMATEN-SPAGHETTI

Blitzschnelle One-Pot-Pasta mit Tomate als Hauptakteur

200 g Kirschtomaten
1 Zwiebel (ca. 60 g)
1 Knoblauchzehe
2 Stiele Basilikum
200 g Spaghetti (Kochzeit 8 Min.)
1 TL Salz
1/4 TL Chiliflocken
1 EL Olivenöl
etwas Parmesan (nach Belieben)

FÜR 2 PERSONEN
PRO PERSON: 415 KCAL.
ZUBEREITUNGSZEIT: 20 MIN.

1 Tomaten waschen, halbieren. Zwiebel und Knoblauch schälen, in feine Scheiben schneiden. Basilikum waschen, trocken schütteln. Blätter beiseitelegen.

2 Nudeln, Basilikumstiele, Tomaten, Zwiebeln und Knoblauch in eine große Pfanne mit hohem Rand (28 cm Durchmesser) oder einen weiten Topf (mindestens 24 cm Durchmesser) geben.

3 550 ml kaltes Wasser, Salz, Chili und Öl zugeben. Zugedeckt bei starker Hitze 10 – 12 Min. kochen. Ab und zu rühren, je mehr Wasser verkocht ist, desto öfter.

4 Die Nudeln probieren. Sind sie noch nicht durch und die Flüssigkeit ist schon stark verkocht, 3 – 5 EL Wasser hinzufügen und noch ganz kurz weitergaren lassen.

5 Die Basilikumstiele wieder aus den Nudeln entfernen. Die Basilikumblätter sehr fein schneiden, auf die Spaghetti geben und ganz vorsichtig unterheben.

TIPP: Nach Belieben Parmesan fein reiben oder in Späne hobeln. Die Spaghetti mit Tomaten auf Teller verteilen und mit Parmesan bestreuen. Sofort servieren.

MEDITERRANE GENÜSSE

HERZHAFT UND PIKANT: DEFTIGE LECKEREIEN

Knackig und herzhaft darf es mit Paprika, Feuerbohne und Petersilie werden. Auf den Balkon bringen sie saftig grünes Blattwerk und duftende Nuancen – in den Kochtopf echte Sattmacher.

Den schmackhaften Anfang macht schon ganz früh im Jahr die glatte Petersilie. Ab März gibt es die Jungpflanzen in kleinen Töpfen, die nach nur wenigen Wochen zu stattlichen Exemplaren herangewachsen sind und laut nach Ernte rufen. Das klassische Küchenkraut kann laufend genutzt werden, erst im zweiten Jahr tauscht man die Zweijährige nach der Blüte aus. Ideal für Faulis! Was man nicht direkt verzehren kann, wandert ab ins Tiefkühlfach, dann kann man noch im Winter davon genießen.

Etwas später im Jahr gesellen sich einjährige Naschpflanzen wie Paprika (siehe Seite 106) und Feuerbohne (siehe Seite 107) dazu. Vor allem die Paprikaschoten sind eine Delikatesse, sie schmecken entweder als knackiger Snack oder als pikante Variante im Eintopf mit Hackfleisch und dem Topfnachbarn Petersilie (siehe Seite 108). Die vielseitigen Schoten bringen auf den Naschbalkon auch noch ein paar Farbkleckse mit, da sich ihre Früchte von grün über gelb bis rot und orange färben. Wer reichlich ernten möchte, ist mit einem möglichst großen Topf gut beraten. Dieser braucht einen Platz an der Sonne und immer wieder Nährstoffnachschub. Nach der Fruchtbildung gibt man der Pflanze am besten eine Stütze, damit die Triebe nicht unter der Last zusammenbrechen.

Wo wir schon beim Hochbinden sind: Da gibt es gleich noch Topfbewohner, die sich über Unterstützung freuen: Stangen- und Feuerbohnen. Sie sind echte Kletterkünstler. In der Regel reicht es schon, ihnen ein paar Schnüre oder das Balkongeländer zur Verfügung zu stellen, schon machen sie sich auf den Weg nach oben. Durch ihr kräfti-

Petersilie – ein klassisches Kraut, das es in einer krausen und einer glattblättrigen Variante gibt.

Bohnen, Bohnen, Bohnen. Stangen- und Feuerbohnen bilden meterlange Triebe, die nicht nur Sicht- und Windschutz bieten, sondern auch eine Unzahl knackiger Schoten tragen.

ges Blattwerk wird aus dem Balkon ein kleiner Dschungel, den schon bald weiße, rosa oder feuerrote Blüten zieren. Falls die Samen zu groß zum Kochen geworden sind, dann einfach trocknen und als Saatgut für das kommende Balkonjahr verwenden. Wer fehlt noch, um das pikante Balkonglück perfekt zu machen? Richtig, das Currykraut (siehe Seite 107). Es bringt einen unverwechselbaren Duft mit sich und verbreitet Urlaubsstimmung am Balkon. Aber auch in der Küche macht man mit nur einem Zweig aus alltäglichen Speisen, wie einer Portion Reis, etwas Besonderes. Die mediterrane Pflanze überwintern Sie am besten an einem frostgeschützten Platz im Haus, wenn Sie in einer kühleren Region wohnen. In milden Gegenden ist das Kraut relativ frosthart, wenn es nicht zu nass steht.

GEDIEGEN IST GUT

Es muss nicht immer die neueste Deko und die angesagte Outdoorcouch sein. So solide, wie die grünen Bewohner des herzhaft-deftigen Balkons sind, kann ruhig auch mal das Ambiente sein. Lassen Sie sich bloß nicht stressen. Vielleicht tut es für den Anfang der Küchenstuhl und ein ausrangierter Tisch vom Flohmarkt, bevor in den nächsten Naschbalkon-Jahren dann weitere Pflanzenvorlieben und Möbelinvestitionen dazukommen. Oft kann man mit relativ kleinem Aufwand schon viel erreichen, besonders wenn man Naschpflanzen mit so vielen Gesichtern wie die Bohne verwendet, bei der erst die Blüten hübsch aussehen, dann die grünen Triebe als Sichtschutz Furore machen, um dann schließlich sogar noch Ernteglück zu bieten.

SOULFOOD VOM BALKON

Von knackigen Früchtchen und herben Kräutern

☀ PAPRIKA

Capsicum annuum

ANBAU: Jungpflanzen ab Mai auf dem Balkon in einen Topf mit mindestens 15 Liter Volumen setzen. Der Starkzehrer gedeiht am besten in nährstoffreicher Erde.
PFLEGE: Den Sommer über immer wieder mäßig düngen, für gute Wasserversorgung – evtl. durch Bewässerungssystem – sorgen. Die Pflanze braucht eine Stütze. Anhäufeln erhöht die Stabilität der Paprika. Am Saisonende die Pflanzen entsorgen.
SORTEN: Naschsorten mit kleineren Früchten wie 'Ophelia', 'Tribelli Mini®' oder die veredelte rote Snack-Paprika 'Partner' F1 verwenden.
ERNTE: Am besten ernten, wenn die Früchte ihre sortentypische Farbe angenommen haben.

☀ ⛅ PETERSILIE

Petroselinum crispum

ANBAU: Kräftige Jungpflanzen des Mittelzehrers ab März in Töpfe mit Kübelpflanzenerde setzen.
PFLEGE: Möchte gut mit Wasser versorgt sein, reagiert auf Staunässe allerdings empfindlich. Im Frühling Langzeitdünger zugeben oder immer wieder mit Flüssigdünger versorgen.
SORTEN: Glatte Petersilie 'Gigante d'Italia' und 'Einfacher Schnitt' schmecken sehr aromatisch. Krause Petersilie sieht auf dem Balkon im Topf dekorativ aus.
EXTRA-TIPP: Ernte fortlaufend möglich, einzelne Stiele knapp über dem Boden abschneiden. Nach der letzten Ernte im Spätherbst entsorgen und im Frühjahr neue kaufen.

☀ FEUERBOHNE

Phaseolus coccineus

ANBAU: Ab Ende Mai zwei bis drei Samen in einen Pflanzbehälter mit 30 cm Durchmesser legen und 3–5 cm tief in die Erde stecken. Jungpflanzen am Stielansatz mit Erde anhäufeln, dies erhöht die Stabilität und Standfestigkeit.
PFLEGE: Bohnen am besten mit Langzeitdünger versorgen, mulchen mit Stroh, reichlich gießen, besonders in der Blüte und Zeit der Fruchtbildung. Rankgerüst anbringen, besonders auf windigen Balkonen gut befestigen. Alternativ direkt am Balkongeländer wachsen lassen.
SORTEN: Viele Sorten sind gut geeignet, probieren Sie es mal mit 'Preisgewinner' oder 'Bonela'.
ERNTE: Ernten Sie, bevor sich die Samen zu stark durch die Schotenhülle abzeichnen. Regelmäßiges Durchpflücken und Ernten sorgt für einen höheren Ertrag, da so die Blütenbildung angeregt wird.

☀ CURRYKRAUT

Helichrysum italicum

ANBAU: Ab Mitte Mai Jungpflanzen in Kräutererde setzen. Am besten allein in einen großen Topf pflanzen, da die Pflanze sehr ausladend werden kann. So gibt es viel zu ernten!
PFLEGE: Der Schwachzehrer verzichtet gerne auf üppige Düngergaben. Sparsam gießen, warm und trocken aufstellen.
SORTEN: Der Zwerg-Currystrauch passt auch in den Balkonkasten, gut geeignet für den Balkon ist auch 'White Barn'.
ERNTE: Regelmäßig ganze Triebe knapp über der Erde abscheiden, Rückschnitt einmal jährlich nach der Blüte oder im nächsten Frühjahr, damit der Strauch nicht verholzt.
EXTRA-TIPP: An einem frostgeschützten Platz überwintern, am besten gut einpacken (siehe Seite 116). Der Rückschnitt sollte nicht zu spät im Herbst erfolgen, dies führt oft zu Erfrierungen. Besser: Im Frühjahr vor dem Neuaustrieb einkürzen.

PAPRIKA-HACK-PFANNE

Herzhafter Glücklichmacher mit Schafskäse

FÜR 2 PERSONEN
PRO PERSON: 590 KCAL.
ZUBEREITUNGSZEIT: 35 MIN.

- **1 Scheibe** Toastbrot
- 1 Knoblauchzehe
- **1/2 Bund** Petersilie
- 1/2 Biozitrone
- **250 g** gemischtes Hackfleisch (oder Rinderhack)
- 1 Ei
- Salz | Pfeffer
- **400 g** Paprika (am besten bunt gemischt)
- 2 rote Zwiebeln
- **1 EL** Olivenöl
- **50 g** Schafskäse (Feta)

1 Das Toastbrot mit Wasser bedecken und weich werden lassen. Den Knoblauch schälen. Die Petersilie waschen, trocken schütteln und die Blätter abzupfen, ein paar Blätter zum Bestreuen beiseitelegen. Die Zitronenhälfte heiß waschen und abtrocknen, ein ca. 5 cm langes Stück Schale dünn abschneiden. Den Knoblauch, die Petersilie und die Zitronenschale fein hacken.

2 Das Toastbrot gut ausdrücken und zerpflücken, mit dem Hackfleisch, der Petersilienmischung und dem Ei in eine Schüssel geben, mit Salz und Pfeffer würzen und gründlich verkneten, bis der Fleischteig zusammenhält. Aus der Hackfleischmasse kleine Bällchen formen.

3 Die Paprika halbieren, Trennwände und Kerne entfernen, die Hälften waschen und in gut 1 cm breite Streifen schneiden. Die Zwiebeln schälen, vierteln und ebenfalls in Streifen schneiden.

4 Das Olivenöl in der Pfanne erhitzen. Hackbällchen hineingeben, bei mittlerer Hitze ca. 5 Min. rundherum braun braten. Die Pfanne immer wieder kräftig rütteln und die Bällchen so wenden. Bällchen aus der Pfanne nehmen, warm halten.

5 Die Paprika und die Zwiebeln in die Pfanne geben, salzen und bei mittlerer bis großer Hitze unter häufigem Rühren in ca. 5 Min. bissfest garen. Das Gemüse abschmecken, die Hackbällchen darauflegen und zugedeckt richtig heiß werden lassen. Den Schafskäse zerkrümeln und vor dem Servieren mit den beiseitegelegten Petersilienblättern auf die Paprika-Hackbällchen-Pfanne streuen. Dazu schmeckt Fladenbrot.

FRISCH UND FIT AUF DEM BALKON

Immer schön wachsam bleiben! Wer frühzeitig erkennt, was dem einen oder anderen Pflänzchen für eine Laus über die Blätter gelaufen ist, kann mit minimalen Eingriffen viel erreichen. Der ultimative Survival-Garant ist ein aufmerksamer Balkongärtner.

VORBEUGEN IST DIE BESTE MEDIZIN

Wer eine gute Konstitution hat, ist weniger anfällig für Krankheiten – das gilt für Gärtner ebenso wie für die Naschpflanzen auf dem Balkon. Also machen Sie sie stark für alle Herausforderungen, die das Leben mit sich bringt!

Die gute Nachricht gleich einmal vorweg: Die im Gartenbeet gefürchteten Schnecken werden es nur selten bis in den vierten Stock hinauf schaffen. Und auch viele geflügelte »Mitesser« halten sich lieber im Erdgeschoss auf. Vom Wir de verwehte Unkrautsamen stellen auf dem Balkon ebenfalls nicht oft eine Herausforderung dar; weit größer ist allerdings die Wahrscheinlichkeit, dass sie mit der gekauften Erde nach oben gelangen. Aber auf die Qualität des Substrats können Sie ja selbst entscheidenden Einfluss nehmen, ebenso wie auf andere Wohlfühl-Faktoren.

SCHLAU AUSGEWÄHLT

Das Beste ist natürlich, den Krankheiten erst gar keine Chance zu geben. Wie das gehen soll? Gleich zu Beginn schon mal mit einer geschickten Pflanzenauswahl: Sehr anspruchsvolle Gewächse schaffen es gar nicht erst auf unseren Naschbalkon für Faule. Dafür dürfen aber gerne die resistenten, pflegeleichten und vor allem robusten Sorten einziehen. Damit spart man sich von vornherein einiges an Enttäuschungen. Achten Sie beim Samentütchen oder dem Jungpflanzen-Etikett auf die Bezeichnungen »resistent« oder »widerstandsfähig«. Schon haben Sie sich einiges an Krankengeld und Betreuungszeit gespart. Noch ein ganz wichtiger Punkt: Schätzen Sie Ihren Balkon richtig ein (siehe ab Seite 8): Eine Tomatenpflanze wird im Schatten nicht glücklich werden, eine Gurke wird an einem windigen Standort zerfledderte Blätter, aber keine leckeren Früchte hervorbringen. Spezielle pflanzliche Vorlieben also unbedingt beachten!

Sind die Wurzeln hell und knackig? Dann ist die Pflanze gesund und wächst gut weiter.

Insektenhotels locken viele Nützlinge und Bestäuber an. Tomaten, Äpfel und Birnen freut's.

DIE MISCHUNG MACHT´S

Selbst die robustesten Balkonbewohner können durch zu gut gemeinte Pflege krank werden. Zu viel Dünger schwächt die Pflanzen und macht sie besonders anziehend für Schädlinge wie Blattläuse. Auch zu viel Wasser schadet mehr, als dass es hilft. Das gilt besonders dann, wenn das kostbare Nass nicht an die Wurzeln, sondern an die Blätter gelangt und so Pilzkrankheiten begünstigen kann. Staunässe im Topf ist ebenfalls für viele Naschpflanzen mehr als ein Ärgernis: Sie lässt die Wurzeln faulen und die Pflanzen schlimmstenfalls sogar ganz absterben.

Kennen und beachten Sie die Bedürfnisse Ihrer grünen Balkonbewohner! Es gilt, die Pflanzen nach bestem Wissen und Gewissen zu umsorgen. Stellen Sie sicher, dass sie auch in der passenden Gesellschaft leben, dass die Topfgenossen sich also gut miteinander verstehen. Bei großen Gefäßen lassen sich die Prinzipien der Mischkultur immerhin im Kleinen anwenden. Das bedeutet, dass Pflanzen zusammen wachsen, die sich gegenseitig im Wachstum fördern, die gegenseitige Entwicklung unterstützen und einander Schädlinge vom Leib halten – die Kombination von Tomate und Basilikum ist ein gutes Beispiel für ein positives Miteinander, viele Kräuter halten mit ihrem Duft ebenfalls tierische Schädlinge fern. Unterstützung für den Pflanzenschutz können Sie sich durch Nützlinge holen, die Sie im Internet bestellen können: Die Larven von Florfliegen, Schwebfliegen oder Marienkäfer haben eine Vorliebe für Spinnmilben und Blattläuse und verputzen diese in kürzester Zeit.

Nicht zuletzt sollten Sie dafür sorgen, dass die Topfbewohner ausreichend Platz zum Wachsen haben. Der Wind sollte immer noch gut durch die Blätter streifen können. Stehen die Pflanzen dagegen zu dicht, hält sich die Feuchtigkeit lange und es herrschen die idealen Bedingungen für die Entwicklung von Pilzkrankheiten.

MEIN RELAX-TIPP

Ihren Balkon können Sie den Nützlingen unter den Insekten mit der passenden Unterkunft schmackhaft machen. Solche Insektenhotels sehen hübsch aus, und man kann sie in den verschiedensten Größen im Internet oder im Gartencenter kaufen.

SCHNELLE HILFE BEI KRANKHEIT

Es krabbelt auf Ihren schönen Salatblättern oder die Gurkenblätter haben sich ganz komisch weiß verfärbt? Keine Sorge, die meisten Standard-Zipperlein lassen sich im Nu identifizieren und kurieren.

Man kann noch so gut vorbereitet sein: Manche Schädlinge oder Pilzkrankheiten lassen sich auch durch beste Pflege und optimale Wuchsbedingungen nicht abhalten. Und ab und zu macht uns auch einfach das Wetter, etwa mit wochenlangem Nieselregen, einen Strich durch unsere Erntepläne. Wichtig ist es vor allen Dingen, die Pflanzen regelmäßig auf Anomalitäten zu überprüfen, die durch unerwünschte Mitesser verursacht sein können. Schauen Sie deshalb beim Gießen immer mal wieder auf die Blattunterseiten oder an die frischen Triebe: Die Sprechstunde für Pflanzen ist hiermit eröffnet!

WAS FRISST DENN DA?

Ist das vielleicht eine kleine Bisswunde am Blatt oder ist von einer Jungpflanze nur noch der Stiel übriggeblieben? Jetzt heißt es schnell sein und die gefräßigen Nager direkt von der Pflanze absammeln. Klebt der Salat, und auch der Boden um den Topf herum ist schon ganz merkwürdig klebrig? Dann sind wahrscheinlich saugenden Insekten wie Blattläuse am Werk. Auch jetzt gilt es, befallene Pflanzenteile möglichst schnell abzuknipsen! Die Blätter sehen aus wie in Mehl getaucht oder haben braune Punkte? Dann haben Pilzkrankheiten Einzug gehalten. Oft hilft größerer Abstand zwischen den Pflanzen, sodass der Wind hindurchstreichen kann. Doch nicht nur die grünen Pflanzenteile können von Krankheiten befallen werden. Auch die Früchte sind nicht nur bei Ihnen heiß begehrt, sondern ebenso bei Maden und Larven. Stellt sich die Frage: Was tun? So ganz einfach sind die Übeltäter ja nicht zu

Bei Läusen ist schnelles Handeln angesagt. Am besten mit den Fingern abstreifen.

identifizieren, und die chemische Rundumkeule ist auf dem Balkon Tabu, schließlich möchte man die Naschfrüchte noch verzehren – und zwar mit Appetit! Kleinerem Befall, etwa von Blattläusen, kann man ganz einfach Herr werden, wenn man die Tierchen mit den Fingern abstreift. Schüttelt es Sie bei dem Gedanken daran vor Ekel? Dann ziehen Sie doch einfach Handschuhe an. Ebenso können Sie mit merkwürdig verfärbten Blättern verfahren: Zur Sicherheit einfach abzupfen und im Hausmüll entsorgen. Befallene und kranke Pflanzen bitte nicht auf dem Balkon lange herumstehen lassen, die Pilzsporen verbreiten sich dann weiter. Um sicherzugehen können Sie parallel zu diesen Sofortmaßnahmen ein befallenes Blatt oder eine geschädigte Frucht mit ins Gartencenter oder zum Gärtner nehmen. Dort können Ihnen die Fachleute weiterhelfen und Ihnen Gegenmaßnahmen vorschlagen. Telefonische Hilfe bietet auch ein Gartentelefon, wie es beispielsweise von der Bayerischen Landesanstalt für Weinbau und Gartenbau betrieben wird. Sie bekommen dort wertvolle Tipps und Hilfestellung sowie Beantwortung (fast) aller Fragen (mehr dazu auf den Webseiten, siehe Seite 123).

FRAGEN SIE DOCH DEN PFLANZEN-DOC!

Was frisst denn da an meinem Salat? Diese Fragen können Sie auch mithilfe Ihres Handys und der Pflanzendoktor-App (siehe Seite 123) unverzüglich klären. Die Diagnose ist kinderleicht: Sie schauen sich die Schadbilder an und erhalten dann Tipps zur umweltschonenden Vorbeugung und zur naturgemäßen Bekämpfung des Schaderregers, der Sie und Ihre Pflanzen ärgert.
Sie sind nicht fündig geworden? Dann machen Sie einfach ein Foto von der befallenen Blattseite und schicken es an die Fachberater. Erfahrene Gartenbau-Ingenieure helfen Ihnen dann weiter.

Der Salbei ist von Mehltau befallen? Betroffene Blätter sofort abschneiden und wegwerfen.

Natürlich können Sie auch das direkte Gespräch mit ihnen suchen. Die App gibt's im App Store oder im Google Play Store.

PFLANZEN AUF KUR

Sobald die Behandlung erfolgt ist, heißt es in sich gehen und eine kleine Bestandsaufnahme machen. Kann es sein, dass man die Krankheiten eingeschleppt hat, durch eine befallene Pflanze aus dem Gartencenter? Vielleicht hängt es aber auch mit der Sorte zusammen, die einfach nicht gepasst hat. Wer ein fauler Balkongärtner werden möchte, darf sich hinterfragen und dazulernen. Je mehr Erfahrungen Sie sammeln, desto bequemer und einfach wird das Gärtnern in den kommenden Jahren für Sie werden.

AB IN DEN WINTERURLAUB

Bevor sich die Balkontür für dieses Jahr endgültig schließt und es ans Abschiednehmen vom Naschbalkon geht, gibt es noch ein letztes großes Hallo. Dann verschwinden die Pflanzen unter dem Winterschutz.

Der Naschbalkon ist in der Regel eine bunte Mischung aus einjährigen und mehrjährigen Bewohnern. Schnöde fällt der Abschied von den Einjährigen aus: Sie kommen zum Ende des Sommers in die Tonne. Praktisch für uns, denn so müssen sie im Herbst nicht umsorgt werden. Für die Mehrjährigen dagegen steht das Einpacken in kuscheliges Wintervlies oder der Umzug ins Winterquartier an. Ein festes Datum dafür gibt es nicht. Versuchen Sie aber auf jeden Fall, die Balkonbewohner so lange wie möglich draußen zu lassen. So zimperlich sind sie gar nicht, und die Pflanzen härten von Woche zu Woche noch ein bisschen mehr ab, die Zeit im Winterquartier wird noch lange genug. Je kürzer sich die Kübelpflanzen in den Innenräumen aufhalten, umso besser. Ab Spätherbst sollten Sie dann aber die Wettervorhersage im Auge behalten. Sobald die ersten Nachtfröste angekündigt werden, gilt es bei vielen mediterranen Kräutern, die den Winter draußen nicht überstehen würden, zügig aktiv zu werden. Sie wandern in den Keller, auf den Speicher oder in ein unbeheiztes Treppenhaus. Grundsätzlich gilt: Je niedriger die Temperatur, desto dunkler kann der Raum sein. Ganz vergessen sollten Sie die Pflanzen auch im Winter nicht: Sie sollten allerdings nur so viel gießen, dass der Ballen nicht austrocknet. Kontrollieren Sie regelmäßig auf Schädlinge und Krankheiten.

GUT UMKLEIDET

Wir selbst wissen natürlich ganz genau, wie wir uns bei eisigen Temperaturen am besten einpacken. Den Pflanzen kommt es, anders als uns

Gut eingepackt in Vlies sieht das Currykraut dem Winter gelassen entgegen.

Damit die kälteempfindlichen Wurzeln der Kräuter vor Frost geschützt sind, packt man die Töpfe am besten gemeinsam in eine Kiste, die bis oben mit Rindenmulch gefüllt ist. Zuletzt noch ein paar Tannenzweige darüberlegen.

Gärtnern, dabei nicht so sehr auf die Optik an. Vielmehr ist wichtig, dass der Wintermantel nicht zu schwer auf den Blättern und Trieben liegt und die Pflanzen noch Luft bekommen. Am besten eignen sich die Gartenvliese, die man ab Herbst im Gartencenter erhält. Diese lassen sich individuell zuschneiden und sind ganz leicht anzulegen. Der Winterschutz kann übrigens auch richtig schön aussehen, wenn man mit roten Schleifen und grünen Zweigen das Ganze noch ein wenig aufpeppt. Nach dem Winter einfach ab mit dem Vlies in die Waschmaschine, und schon hat man es fürs nächste Jahr wieder griffbereit.
Alternativ bietet sich Tannenreisig als Winterschutz besonders bei den immergrünen Kräutern an. Generell gilt: Je bunter die Blätter sind, desto frostempfindlicher sind die Kräuter.

Nicht nur die oberirdischen Pflanzenteile der winterharten Balkonbewohner brauchen Schutz, auch die Wurzelballen sollten eingepackt werden. Mit Filz, Jutestoff oder Noppenfolie lassen sich die Töpfe prima einwickeln. Die Erdoberfläche kann zusätzlich noch mit einer Kokosfilz-Scheibe, die isoliert und die Verdunstung minimiert, abgedeckt werden. In all dem Einpack-Eifer nicht vergessen, dass noch eine kleine Stelle zum Gießen frei bleiben muss. Denn gerade immergrüne Pflanzen verdunsten bei Sonne Feuchtigkeit und brauchen Wassernachschub. Daher ist es nötig, an frostfreien Tagen zur Gießkanne zu greifen. Ist alles verpackt, werden die Pflanzen, die ganzjährig draußen bleiben können, an eine möglichst trockene, windgeschützte und schattige Stelle am Balkon gerückt.

WEHRET DEN ANFÄNGEN

Wer sich wohlfühlt, wird nicht krank!

Der Marienkäfer ist ein gern gesehener Gast, da er Blattläuse einfach zum Fressen gern hat.

HILFREICHE GÄSTE

Ein Insektenhotel nutzen nicht nur fliegende Helfer, die für die Bestäubung der Blüten sorgen. Florfliegenlarven und Marienkäfer etwa laben sich an Blattläusen und Milben. Zur Schlupfzeit der Tiere kann es zwar etwas Trubel auf dem Balkon geben. Doch keine Angst: Die meisten Insekten sind harmlos und tun einem nichts zuleide. Ideal ist ein trockener und sonniger Platz, der am besten nach Südosten oder Südwesten ausgerichtet ist. Bitte auf eine stabile Befestigung achten, das Insektenhotel sollte nicht hin und her schaukeln. Solche Nützlingsherbergen gibt's in Gartencentern oder im Internet zu kaufen. Wer Lust auf Basteln hat, baut sich selbst eines. Viele Anleitungen finden Sie im Internet, das Material kann man beim Spaziergang sammeln.

PARTNERPFLANZEN

Im Beet setzen umweltbewusste Gärtner schon lange auf Mischkultur. Das bedeutet, dass Pflanzen, die sich gegenseitig guttun, direkt nebeneinander gepflanzt werden. Im Balkongarten ist das natürlich nur bedingt möglich, weil viele Pflanzen separat in ihren Töpfen wachsen. Dennoch sind auch im Blumenkasten einige Kombis möglich (Hinweise in den jeweiligen Pflanzenporträts). Und grundsätzlich gibt es Pflanzen, die helfen, alle anderen fit zu halten, wie beispielsweise Tagetes, Ringelblumen oder aromatisch duftende Kräuter. Die Blüten sehen auch hübsch aus und werten den Balkon optisch auf.

Die Tomate freut sich über Gesellschaft von Kapuzinerkresse in der Ampel. Auch optisch ein Genuss!

Spinnmilben und Blattläuse abduschen. Damit die Erde nicht zu nass wird, in eine Plastiktüte packen.

AB INS BADEZIMMER

Auf dem Balkon treten gerne mal Probleme mit Blattläusen auf. Ist der Befall noch relativ gering – meist sind zuallererst die saftigen jungen Triebe betroffen –, dann einfach mit den Fingern, einem Stück Küchenkrepp oder behandschuhten Händen die Blattläuse abstreifen.

Sitzen schon ein paar mehr Tierchen herum, nehmen Sie die befallene Pflanze mit ins Badezimmer und verpassen ihr hier eine Dusche. Je nachdem, wie robust sie ist, kann sie mit der Brause abgesprüht werden. Dazu bitte vorher den mit Erde gefüllten Topf in eine Plastiktüte stecken, sonst läuft das Substrat heraus, und der Abfluss verstopft. Manche Gärtner haben auch gute Erfahrungen damit gemacht, die lästigen Tierchen einfach abzuföhnen. Aber Vorsicht! Die Blätter sollten dabei nicht verbrennen, deshalb den Luftstrom besser auf »kühl« einstellen.

In der Zukunft können Sie versuchen ganz einfach Knoblauchzehen in die Erde zu stecken: Blattläuse mögen seinen Geruch nicht. Wer's duftiger mag, probiert's mit Lavendel.

NICHT LANGE ZÖGERN

Ja, es ist traurig, wenn ein geliebter Balkonbewohner erkrankt oder fiesen Krabbeltieren zum Opfer fällt. Aber bevor Sie viel Zeit mit der Diagnose und Behandlung aufwenden und in der Zwischenzeit die anderen Topfgäste angesteckt werden, gilt es auch mal radikal zu handeln: Die kranke Pflanze muss weg! Vor allem, wenn die Krankheit oder der Befall extrem schnell voranschreitet, gibt es keine Gnade, sondern die Pflanze wandert in den Hausmüll. Keinesfalls in den Biomüll oder auf den Kompost geben, sonst haben die Erreger oder Schädlinge gute Chancen, sich zu vermehren und auszubreiten.

Gelbe Blätter deuten auf Probleme mit den Wurzeln hin. Am besten die Pflanze samt Erde wegwerfen.

DIE AUTORIN

Silvia Appel ist leidenschaftliche Hobby-Gärtnerin, und das von Kindesbeinen an. Im Nutzgarten der Eltern hat sie gelernt, wie man Gemüse kultiviert und verarbeitet. Die Begeisterung für Natur und Garten, für Obst, frische Kräuter und schmackhafte Gemüse hat sie seitdem nie wieder losgelassen.

Schon während des Medienmanagement-Studiums ergab sich für sie die Chance, einen eigenen Garten zu bewirtschaften, später kamen noch zwei Balkone an ihrer Altbauwohnung in Würzburg hinzu. Dort kann sie ihrer grünen Leidenschaft fröhnen.

Silvia engagiert sich auch außerhalb des privaten Bereichs für Natur und Garten: So ist sie beispielsweise Gründungsmitglied der Urban Gardening Gruppe »Stadtgärtner Urban Gardening Würzburg e.V.«. Mittlerweile ist Silvia vielen Gartenfreunden besser als das »Garten Fräulein« bekannt. Auf ihrem gleichnamigen Blog berichtet sie seit 2013 über das Lebensgefühl Garten und Balkon und begeistert damit eine große Leser- und Anhängerschaft. In ihren Texten geht es nicht so sehr um das »Richtig-machen«. Sie möchte vielmehr anderen Gärtnern Mut und Lust machen, selbst mit dem Anbau von Naschgemüse, Beeren und Kräutern zu beginnen. Ganz nach dem Motto: »Was das Garten Fräulein kann, können die Leser auch!«

Unkonventionell geht Silvia die Gartenthemen an und schafft es mit ihrer Lockerheit, die Menschen mit ihrer Leidenschaft anzustecken. Seit Oktober 2016 ist Silvia selbstständig, hat bereits mehrere Bücher herausgebracht, ist für Magazine und TV tätig und betreibt einen eigenen Online-Shop für Gartenzubehör. 2017 wurde sie mit dem Sonderpreis des Deutschen Gartenbuchpreises für den besten Garten-Blog ausgezeichnet.

SERVICE

Kräuter und Gemüse
www.kraeuter-und-duftpflanzen.de
www.pflanzenversand-gaissmayer.de
www.baldur-garten.de
www.syringa-pflanzen.de
www.biogartenversand.de
www.obi.de
www.blu-blumen.de
www.naturkraeutergarten.de
www.olerum.de
www.kiepenkerl.de
www.thompson-morgan.de
www.keimzeit-saatgut.de

Obst und Beeren
www.lubera.com
www.baldur-garten.de
www.brazelberry.de
www.haeberli-beeren.ch
www.helix-pflanzen.de/de/hummibeeren
www.balkonobst.de
www.obstzentrum.de
www.as-garten.de
www.manufactum.de
www.hagebau.de
www.hood.de
www.garten-schlueter.de
www.baumschule-horstmann.de
www.baumschule-wolf.at

Saatgut, -bänder, -scheiben
shop.beetfreunde.de
www.meinwoody.de
www.dreschflegel-saatgut.de
www.bingenheimersaatgut.de
www.saemereien.ch
www.arche-noah.at
www.poetschke.de
www.dehner.de

www.treppens.de
www.gartenversandhaus.de
www.samen.ch

Töpfe, Balkonkästen, Pflanzsäcke
In vielen Gartencentern finden Sie Produkte von:
www.emsa.com
www.esteras.com
www.vivanno.de
www.elho.com
www.hecht-international.com

Übers Internet zu beziehen:
www.urban-kraut.de
www.scheurich-shop.de
shop.mein-schoener-garten.de
www.lechuza.de
www.pflanzschild.de
www.gartenbedarf-versand.de

Nützliches Zubehör, Gartengeräte
shop.garten-fraeulein.de
www.gartenzauber.com/shop
www.garten-gabel.com
www.gartenbedarf-versand.de
www.gartenallerlei.de
www.felco.de
www.videx.de
www.dehner.de
www.koelle.de
www.poetschke.de
www.wolf-garten.de
www.renatur.de
www.bakker.com

Kletterhilfen
www.balkonerlebnis.de
www.manufactum.de
www.ikea.de

www.lechuza.de
www.baldur-garten.de
www.gartenbedarf-versand.de
www.weidenprofi.de

Bewässerungssysteme
www.aquasolo.fr
www.bakker-holland.de
www.dehner.de
www.blumat.de
www.gardena.com
www.regenmeister.de
www.primrose-garten.de
www.elektronik-star.de
www.parrot.com

Nützliche Apps und Technik
Pflanzendoktor-App von Neudorff: kann im App-Store oder bei Google Play Store heruntergeladen werden
Balkon-Planungssoftware: www.obi.de/ratgeber/garten-und-freizeit/balkon-und-terrasse/balkongestaltung/balkon-planungssoftware/

Dünger, Erden, Pflanzenschutz
www.snoek-naturprodukte.de
www.gartenleben.at
www.neudorff.de
www.compo.de
www.floragard.de
www.abtei-fulda.de/gartenbau/humofix.html

Insektenhotels: Bausätze, -anleitungen
www.bundladen.de
www.luxus-insektenhotel.de
www.insekten-hotels.de
www.nabu.de
www.mein-schoener-garten.de
www.naturschutzcenter.de
www.futter-spatz.de

Möbel, Sonnenschirme & Co.
www.greenbop.de
www.gardono.com
www.gartenallerlei.de
www.meingartenversand.de
www.car-moebel.de
www.ikea.de
www.kettler.net
www.weishaeupl.de

Nützliche Webseiten und Blogs
www.garten-fraeulein.de
www.wohnungsgarten.de
www.mein-schoener-garten.de
www.pflanzenschutzdienst.de
www.lwg.bayern.de
www.bio-gaertner.de
www.umweltbundesamt.de

Bücher, die weiterhelfen
Appel, S.: Mein kreativer Stadtbalkon. DIY-Projekte und Gärtnerwissen präsentiert vom Garten Fräulein. Edition Michael Fischer, München

Kötter, E.: Küchenkräuter in Töpfen. Es geht auch ohne Beet. Gräfe und Unzer Verlag, München

Mayer, J.: Leckeres vom Balkon. Gräfe und Unzer Verlag, München

Mayer, J.: Mini-Hochbeete. Gräfe und Unzer Verlag, München

Schacht, M.: Balkon Basics. Stadtgärtnern für Anfänger. Gräfe und Unzer Verlag, München

REGISTER

Halbfett gesetzte Seitenzahlen verweisen auf Abbildungen.

A
Abendsonne 11
Abzugsloch 28
Ananas-Salbei 91, 92, **92**
Ampel 31, 33, 54
Anzuchterde 15, 47, **47**
Apfelbaum 75, 77, **77**
Aprikosenbaum 75
Aromatherapie 50
Asia-Salat 44, 82, 85, **85**
Asia-Suppen-Bowl (Rezept) 88, **88**
Auf ein Glas 90–91
Ausdünnen 44, 63
Ausgeizen 49
Aussaat 44, 46–47, **47**, 67

B
Balkonfächer 12
Balkongeländer 9
Balkonhöhe 11
Balkonkasten 31
Balkonmöbel 9, 32
Ballerina-Obst 58
Basilikum 18, 97, 98, **98**
Bauliche Maßnahmen 13, 60
Beeren 10, 54–55
 - als Sichtschutz 56, 74
 - konservieren 57
Belüftung 113
Beschattung 9, 11, 12
Bewässerung 20
 - über Computer 23
 - über Tonkegel 20, **20**, 22, 25
Bewässerungssysteme 10, 20, 22, 24–25
 - installieren 24–25, **25**
Bindematerial 35
Birnbaum **59**, 75, 79, **79**
Blähton 29
Blattfäule 40, 49
Blattläuse 114, 119
Blaubeere siehe Heidelbeere
Boden 14–15
 - Durchlässigkeit 14
 - Eigenschaften 14
 - Wasserspeicherung 14
Bohnen 104, **105**
Brombeere 55, 56, **56**, 79, **79**
Brotzeit aus dem Topf 68–69
Bruffins mit Beeren (Rezept) 81, **81**

C
Chili 15, 48, 82, 86, **86**
Cocktail-Balkon 90
Currykraut 105, 107, **107**

D
Dränagebeutel 29
Dränage 28, 59
Düngeempfehlung 16
Düngeerinnerung 17
Düngen 17, **17**, 23, 113
Düngepallets 17
Düngestäbchen 17

E
Einkauf 40–41, **40**, **41**
Einpflanzen 52–53
Eisheilige 48
Erdbeere **43**, 54, 63, 74, 76, 76
 - immertragende 74
 - mulchen 26
 - vermehren 57
Erdbeertarte (Rezept) 80, **80**
Erde 14–15, 28
Exposition 10–11

F
Fernöstliches Feeling 82–83
Feuerbohne 13, **13**, 31, 104, 107, **107**
Florfliege 113, 116
Flüssigdünger **19**
Frostschutz 45
Fruchtgemüse 48
Fruchtige Freuden 74–75
Frühlingszwiebel 82, **82**, 87, **87**

G
Gartencenter 40, 41
Gartenhandschuhe 35
Gartentelefon 115
Gefäß 16, 26, 28–29, 42, **42**, 59
Siehe auch Pflanzgefäß
 - Bepflanzung 33, 52–53, **53**
 - Verankerung 30
Gefäßform 29
Gießen 18–19, **18**
 - Aufwand 10
 - Häufigkeit 18
 - optimales 19
Gießkanne 34, 35, 37, **37**
Glasfront 11
Growbag Frame 30
Grunddüngung 14
Guacamole (Rezept) 72, **72**
Gurke 9, 15, 16, 48, **49**, 69, 71, **71**

H
Halbschatten 11
Handschaufel 35

124 / SERVICE

Hanging Basket 48
Heidelbeere 55, **55**, 63, **63**, 78, **78**
Herzhaft und pikant 104–105
Himbeere 26, **54**, 55, 56, 63, 78, **78**
Hochbeet **33**

I
Ingwer-Minz-Sirup (Rezept) 94, **95**
Insektenhotel **113**, 118
Internet-Einkauf 40

J
Jungpflanzen **15**, 45

K
Käse-Tomaten-Basilikum-Aufstrich (Rezept) 102, **102**
Kapuzinerkresse 13, 31, 66, **66**
Kirschbaum 75
Klima 9
Knoblauch 117
Kompass-App 8, 9
Koriander 83, 84, **84**
Kosten 8
Krankheiten vorbeugen 112
Kräuter 15, 31, 50–51, 96
Kräuter, mehrjährige 50, 118
Kräutererde 15, 50
Kübelpflanzenerde 14–15, **15**
Kunststoffgefäße 29, **29**
Kürbis 16

L
Lachs und Radieschen (Rezept) 73, **73**
Langzeitdünger 17
Lavendel 117

M
Marienkäfer 113, 118, **118**
Markise 13
Mediterrane Genüsse 50, 51, **51**, 96–97
Mediterraner Aufstrich (Rezept) 102, **102**
Mehltau 115, **115**
Mehrsortenbaum 59
Metallgefäße 29
Mini-Obst 58–59, 62–63
Mini-Tomaten 48
Minze 11, 90, 93, **93**
Mischkultur 49, 113, 116
Mix & Match 66–67
Morgensonne 11
Mulch, mineralischer 26, 27, **27**
Mulchen 18, 26–27
Mulchmaterial 26–27
Mulchvlies 27, **27**

N
Nachdüngen 17
Nachdüngen 49
Nährstoffbedarf 16–17
Nitratanreicherung 15
Nordbalkon 10
Nützlinge 113, 118

O
Obstgehölze 58–59
 - Befruchtung 59
 - Schnitt 62–63
 - Stütze 59
Ostbalkon 10
Oregano 96, 98, **98**

P
Paprika 10, 15, 28, 104, 106, **106**

Paprika-Hack-Pfanne (Rezept) 108, **109**
Perlite 15
Petersilie 104, **104**, 106, **106**
Pflanzen-Doc 115
Pflanzenschutz 113
Pflanzetikett 41
Pflanzgefäß 28–29
 - bepflanzen 52–53, **53**
 - Mindestgröße 16, 26, 28, 42, 59
Pflanzideen 66–67
Pflanzkombinationen 33, 66, 67, 118, **118**
Pflanzsack 30
Pflaumenbaum 75
Pflücksalat 45, **45**, 70, **70**
Pikieren 46
Pilzkrankheiten 114
Planungsschritte 8, 32
Planungstools 32
Plastikunterlage 36, **36**
Preis-Leistungs-Verhältnis 34

R
Radieschen 10, 16, 44, **44**, 68, **68**, 70, **70**
Radieschen-Guacamole (Rezept) 72, **72**
Rankhilfe 30, 33
 - bauen 60–61, **61**
Regale 32
Reifezeit 42, 48
Rindenmulch 26, **26**
Rollbrett 30
Rosmarin 96, 99, **99**
Rucola siehe Salatrauke

S
Saatband 46, 47, **47**
Sämlinge 18

Salat 10, 14, 16, 31, 44, 68
   -pflanzen 45
Salatrauke 96, 101, **101**
Säulenobst 58, 62, 75
Schattenspender 9, 12
Schattenwurf 11
Schere 34, 35
Schlauch 20
Schnittknoblauch 10, 87, **87**
Schnittlauch 68, 71, **71**
Schutzplane 36, **36**
Schwachzehrer 16
Sichtschutz 54
Smoothie 90, 96
Sonnenbrand 10
Sonnenschirm 12, **12**
Sonnenschutz 12–13
Sonnensegel 13
Sonnenstunden 9
Sortenwahl 41, 45, 56, 66, 112
Spezialerden 14, 15
Spinat 44, 96, 101, **101**
Spinnmilben 113, 114
Sprühflasche 35
Stabtomaten 39, 49
Standortsbestimmung 8–9
Stangenbohnen 9, 104, **105**
Starkzehrer 16
Staubsauger 37, **37**
Staunässe 21, 28
Stauraum 36, **36**
Strauch-Basilikum 98
Strohmulch 26, **26**
Südbalkon 10

T

Thai-Basilikum 82, 85, **85**
Thymian 50, 96, 99, **99**
Tomate 15, 16, 19, 28, 31, 48, 49, **67**, 96, **97**, 100, **100**
Tomaten-Spaghetti (Rezept) 103, **103**
Tongefäße 29
Topf
   - Bepflanzung 33
   - Material 29
   - Mindestgröße 16, 28, 42
Traglast, Balkon 30
Tröpfchenbewässerung 23, **23**

U

Überwintern 116
Untersetzer 19, 21, **21**
UV-Beständigkeit 13

V

Verbrennungen 15, 17
Veredelte Pflanzen 43
Vermieter, Einwilligung 13
Volldünger, wasserlöslich 17

W

Wärmeliebhaber 48
Wasabi-Rauke 82, 84, **84**
Wasserbedarf 18
Wasserdepots 19
Wasserreservoir, integriertes 19, 21, **21**, 22, **22**
Wasserspeichermatten 19
Werkzeug 34–35
Westbalkon 11
Widerstandsfähigkeit 112
Wind, ausdörrender 9
Windschutz 13
Winterhecknzwiebel 87, **87**
Winterquartier 118
Wintervlies 27, **27**, 118
Wochenmarkt 40

Z

Zitronenmelisse **42**
Zitronen-Thymian 99
Zitronenverbene 90, 91, 92, **92**
Zucchini 16, 49
Zugluft 9

Gartenlust pur.

ISBN 978-3-8338-3861-3

ISBN 978-3-8338-3936-8

ISBN 978-3-8338-6435-3

ISBN 978-3-8338-3862-0

ISBN 978-3-8338-5165-0

ISBN 978-3-8338-6534-3

 Auch als eBook erhältlich.

Mehr von GU auf **www.gu.de** und
facebook.com/gu.verlag

IMPRESSUM

© 2018 GRÄFE UND UNZER VERLAG GmbH, München
Alle Rechte vorbehalten. Nachdruck, auch auszugsweise, sowie Verbreitung durch Film, Funk, Fernsehen und Internet, durch fotomechanische Wiedergabe, Tonträger und Datenverarbeitungssysteme jeglicher Art nur mit schriftlicher Genehmigung des Verlages.

Projektleitung: Vanessa Lotz
Lektorat: Christa Klus-Neufanger
Fachliche Beratung: Folko Kullmann
Bildredaktion: Folko Kullmann, Petra Ender (Cover)
Umschlaggestaltung und Layout: independent Medien-Design, Horst Moser, München
Herstellung: Susanne Mühldorfer
Satz: Christopher Hammond
Reproduktion: Longo AG, Bozen
Druck und Bindung: Printer Trento s.r.l., Trento

ISBN 978-3-8338-6450-6

1. Auflage 2018

BILDNACHWEIS

Cover: **Silvio Knesevic**
Annette Timmermann: 77-2, 36-1, 100-1; **Elke Borkowski/gardenpicturestock:** 14, 70-2; **Flora Press:** 68, 98-2, /gartenfoto.at 28, /GWI 26-2, 99-1, 114, /Helga Noack 101-1, /John Glover 76-1, /Meyer-Rebentisch 43-2, /Nova Photo Graphik 42-1, /Sibylle Pietrek 13, 45, /Visions 67; **Friedrich Strauss:** 8, 12, 21-1, 21-2, 23, 27-2, 31, 36-2, 43-1, 44, 49, 51, 54, 56-2, 58, 59, 61-1, 61-2, 61-3, 62, 66, 76-3, 77-1, 84-2, 85-1, 101-2, 113, 115, 118-2; **GAP Photos:** 104, /Juliette Wade 22, /Sarah Cuttle 10, /Tim Gainey 105,; **Getty Images:** /Brand X 42-2, /fStop 38/39, /Henrik Sørensen 64/65, /Klaus-Maria Einwanger 69, /Rubberball 6/7; **GU:** /Barbara Bonisolli 89, /gartenfoto.eu/Martin Staffler 20-1, 29, 36-1, 57-1, 116, 117, /Janne Peters 72, /Kristijan Matic U4, 2, 4, 9, 11, 15, 17, 18, 19, 20-2, 25-1, 25-2, 25-3, 25-4, 26-1, 27-1, 32, 33, 35, 37-1, 37-2, 40, 41, 47-1, 47-2, 47-3, 47-4, 53-1, 53-2, 53-3, 53-4, 55, 96, 112, 119-1, 119-2, 120 /Liebenstein 109, /Neubauer 80, 81, /Nicky Walsh 73, /Riis 95, /Schardt 102, 103; **Lubera:** 56-1; **Shutterstock:** 63, 70-1, 71-1, 71-2, 76-2, 77-3, 78-1, 78-2, 79-1, 79-2, 82, 84-1, 85-2, 86-2, 86-3, 87-1, 87-2, 92-1, 92-2, 93-1, 93-2, 93-3, 98-1, 99-2, 100-2, 100-3, 106-1, 106-2, 107-1, 107-2, 110-111, 118-1 1, Icon Liegestuhl; **StockFood:** /Dave King 57-2; **Stocksy:** /Aila Images 91, /Jennifer Brister 74, /Jill Chen 75, /Lumina Images 83, /Pixel Stories 90, /Suzanne Clements 97

Seasons Agency:
www.seasons.agency

Liebe Leserin, lieber Leser,
haben wir Ihre Erwartungen erfüllt? Sind Sie mit diesem Buch zufrieden? Haben Sie weitere Fragen zu diesem Thema? Wir freuen uns auf Ihre Rückmeldung, auf Lob, Kritik und Anregungen, damit wir für Sie immer besser werden können.

GRÄFE UND UNZER Verlag
Leserservice
Postfach 86 03 13
81630 München
E-Mail:
leserservice@graefe-und-unzer.de

Telefon: 00800 / 72 37 33 33*
Telefax: 00800 / 50 12 05 44*
Mo–Do: 9.00 – 17.00 Uhr
Fr: 9.00 – 16.00 Uhr
(* gebührenfrei in D, A, CH)

Ihr GRÄFE UND UNZER Verlag
Der erste Ratgeberverlag – seit 1722.

GRÄFE UND UNZER
Ein Unternehmen der
GANSKE VERLAGSGRUPPE

 www.facebook.com/gu.verlag